René Frank

Goldene Zeiten

René Frank

Goldene Zeiten

Die bewegte Geschichte europäischer Goldmünzen

Tectum Verlag

René Frank

Goldene Zeiten. Die bewegte Geschichte europäischer Goldmünzen
© Tectum Verlag Marburg, 2012
ISBN: 978-3-8288-2980-0

Umschlagabbildungen:
Genua, Genovino d'oro, Simone Boccanegra, 1339-1344
Königreich Italien, 40 Lire, Napoleon, 1807
Königreich Spanien, 20 Peseten, Alfons XIII., 1890
mit freundlicher Genehmigung der Fritz Rudolf Künker GmbH & Co. KG, Osnabrück /
Lübke & Wiedemann, Stuttgart

Großbritannien, 1 Guinea, Karl II., 1681
Großbritannien, 1 Sovereign, George IV., 1824
Neapel und Sizilien, Saluto d'oro, Karl I., 1278-1285
Frankreich, 50 Francs, Napoleon III., 1858
mit freundlicher Genehmigung der bpk Bildagentur für Kunst, Kultur und Geschichte,
Berlin / Münzkabinett der Staatlichen Museen zu Berlin

Druck und Bindung: Schaltungsdienst Lange, Berlin
Printed in Germany
Alle Rechte vorbehalten

Besuchen Sie uns im Internet
www.tectum-verlag.de

Bibliografische Informationen der Deutschen Nationalbibliothek
Die Deutsche Nationalbibliothek verzeichnet diese Publikation in der
Deutschen Nationalbibliografie; detaillierte bibliografische Angaben sind
im Internet über http://dnb.ddb.de abrufbar.

VORWORT 8

KAPITEL 1
DER SALUTO D´ORO – DIE FAST VERGESSENE
GOLDMÜNZE DES SPÄTMITTELALTERS 11
1.1 Goldmünzenprägung im frühen und hohen Mittelalter 11
1.2 Einführung bedeutender Goldmünzen im Spätmittelalter ... 12
1.3 Die fast vergessene Goldmünze 15
1.4 Weitere Goldprägungen Europas im 13. Jahrhundert 19

KAPITEL 2
DIE ENGLISCHE GUINEA –
VOM PIRATENGOLD ZUR RECHENEINHEIT 23
2.1 Namensgebung der Münze 24
2.2 Technische Daten und Wertentwicklung 25
2.3 Teilstücke und Mehrfach-Guineas 26
2.4 Einführung einer neuen Goldmünze unter König
    Charles II. (1660-1685) 26
2.5 Goldmünzen unter James II. (1685-1688) 29
2.6 Goldmünzen unter Mary II. & William III. (1689-1694) 30
2.7 Goldmünzen unter William III. (1694-1702) 32
2.8 Goldmünzen unter Anne (1702-1714) 33
2.9 Goldmünzen unter George I. (1714-1727) 35
2.10 Goldmünzen unter George II. (1727-1760) 37
2.11 Goldmünzen unter George III. (1760-1820) 39
2.12 Fälschungen von Gold-Guineas 41

KAPITEL 3
DER BRITISCHE SOVEREIGN UND HALFSOVEREIGN –
DIE WOHL BEKANNTESTEN GOLDMÜNZEN DER WELT. 43
3.1 Sovereigns unter George III. (bis 1820) 45
3.2 Sovereigns unter George IV. (1820-1830) 45
3.3 Sovereigns unter William IV. (1830-1837) 47
3.4 Sovereigns unter Victoria (1837-1901) 48
3.5 Sovereigns unter Eduard VII. (1901-1910) 53

3.6 Sovereigns unter George V. (1910-1936) 54
3.7 Sovereigns unter Eduard VIII. (1936) 56
3.8 Sovereigns unter George VI. (1936-1952) 57
3.9 Der Sovereign während und nach dem Zweiten Weltkrieg .. 57
3.10 Sovereigns unter Elisabeth II. (1952-2012) 59
3.11 Die bekannteste Goldmünze der Welt 62
3.12 Tabellarische Übersicht 63

KAPITEL 4
DIE LATEINISCHE MÜNZUNION –
EINE ÜBERSICHT DER VERSCHIEDENEN
GOLDMÜNZPRÄGUNGEN NACH DEN NORMEN DER LMU 65

4.1 Historische Entwicklung hin zur Münzunion 65
4.2 Die Gründung der Lateinischen Münzunion 67
4.3 Hintergründe zur Münzunion 69
4.4 Ein schleichendes Ende 70
4.5 Tabellarische Übersicht der Goldprägungen
    nach den Normen der Lateinischen Münzunion 71

KAPITEL 5
DIE SKANDINAVISCHE MÜNZUNION – EIN MÜNZBUND,
DER UNTER ERHEBLICHEM DRUCK ENTSTAND. 79

5.1 Die europäische Münzsituation in den 70er Jahren
    des 19. Jahrhunderts 79
5.2 Historische Entwicklung des Goldstandards 79
5.3 Gründung der Skandinavischen Münzunion 80
5.4 Die Goldmünzen der Skandinavischen Münzunion 82
5.5 Das Ende der SMU 85
5.6 Übersichtstabelle aller Prägungen der SMU 86

KAPITEL 6
DIE 100-LIRE-MÜNZEN DES VATIKANS –
GOLDPRÄGUNGEN SOGAR WÄHREND DES 2. WELTKRIEGES ... 87

6.1 Kurze Geschichte des Kirchenstaates 87
6.2 Historischer Überblick über die vatikanische Münzprägung . 89
6.3 Goldmünzen unter Papst Pius XI. 90

6.4 Das Gold wird teurer 92
6.5 Frühe Goldmünzen unter Papst Pius XII.
 (Erster & zweiter Münztyp) 93
6.6 Die Jubiläumsmünze von 1950 95
6.7 Vierter und fünfter Goldmünztyp unter Papst Pius XII. 96
6.8 Goldmünzen unter Papst Johannes XXIII. 98

BILDANHANG 101

LITERATURANGABEN 143

VORWORT

Das Edelmetall Gold fasziniert die Menschen schon seit dem Altertum und wurde früh zur Herstellung von rituellen Gegenständen, Schmuck und schließlich Münzen verwendet.

Im Römischen Reich erlangte die Goldmünzprägung mit dem „Aureus" einen ersten Höhepunkt, gefolgt vom „Solidus", der schließlich auch im Oströmischen bzw. Byzantinischen Reich weitergeprägt wurde.

Im übrigen Europa gab es in der Antike und dem frühen und hohen Mittelalter keine nennenswerte Goldmünzprägung.

Dies änderte sich erst im 13. Jahrhundert. Von da an wurden regelmäßig in immer mehr Ländern und in immer größeren Mengen Goldmünzen für den Zahlungsverkehr hergestellt.

Das vorliegende Buch beleuchtet einige jener Zeitepochen in denen für die europäische Geldgeschichte relevante Goldmünzen geprägt wurden und stellt nicht nur diese Epochen sondern auch besonders wichtige oder interessante Goldmünzen vor.

Beginnend mit dem 13. Jahrhundert wird die Entwicklungsgeschichte der ersten spätmittelalterlichen Goldmünzen skizziert und schließlich eine besonders schöne Münze – der Saluto d´oro – ausführlich beschrieben.

Das zweite und dritte Kapitel widmet sich der Goldprägung in England bzw. Großbritannien ab 1663. Guinea und Sovereign, der bis heute noch geprägt wird, beeinflussten über Jahrhunderte hinweg die internationale Münzprägung und werden deshalb in diesem Buch mit allen Varianten vorgestellt und erläutert.

Über zwei große Münz- bzw. Währungsunionen des 19. und 20. Jahrhunderts berichtet Kapitel vier und fünf. Unser „Euro" ist nämlich nicht die erste gemeinsame Währung mehrerer europäischer Länder, sondern kann auf gelungene und weniger gelungene Vorbilder zurückblicken.

Im letzten Kapitel wird schließlich die Goldmünzprägung des Vatikans dargestellt, die zu einem Zeitpunkt einsetzte, als sich nach und nach alle anderen europäischen Länder von der Herstellung goldener Münzen verabschiedeten.

Neben der Beschreibung der einzelnen Münzen werden diese auch in den historischen Kontext ihrer Entstehungszeit eingebettet und für die Münzprägung relevante Regenten erwähnt.

Fotos und Gemälde von Regenten, Karten zur geographischen Einordnung der Münzen und Übersichtstabellen ergänzen den Text. Im Anhang finden sich zusätzlich 163 farbige Abbildungen von im Buch erwähnten Münzen.

Somit beleuchtet das Buch in sechs Kapiteln einen Zeitraum von über 7 Jahrhunderten europäischer Geldgeschichte, wobei jedes Kapitel für sich alleine steht und gelesen werden kann.

Für Fragen und Anregungen können Sie mich gerne unter rene.frank@web.de kontaktieren.

Ich wünsche Ihnen viel Spaß beim Lesen und bedanke mich bei allen, die dieses Werk ermöglicht haben.

René Frank
Heusenstamm, im April 2012

KAPITEL 1
Der Saluto d´oro –
die fast vergessene Goldmünze des Spätmittelalters

1.1 Goldmünzenprägung im frühen und hohen Mittelalter

Seit der Regierungszeit des karolingischen Kaisers Ludwig der Fromme (814-840) wurden in Europa über mehrere Jahrhunderte hinweg keine Goldmünzen mehr geprägt. Die goldenen Solidi Ludwigs (Abbildung 1; im Anhang ab Seite 101) waren die letzten Goldmünzen europäischen Ursprungs im frühen Mittelalter. Über viele Jahrzehnte wurde nur noch mit Silbergeld in Form von Pennys / Pfennigen / Denaren oder sogenannten Brakteaten bezahlt.

Zum Bezahlen größerer Geldbeträge verwendete man den goldenen byzantinischen Solidus (Abb. 2) oder den arabischen Gold-Dinar (Abb. 3) in Europa.

Erst im 12. Jahrhundert tauchten seit vielen Jahren wieder europäische Goldmünzen auf. Die Insel Sizilien in Süditalien war hierbei unter König Roger II. (1130-1154) ab 1140 Vorreiter und führte den „Tari" ein, der den Wert eines ¼ Dinars hatte und sich damit klar an den arabischen Goldprägungen orientierte. (Abb. 4)

Auf der Iberischen Halbinsel (in Spanien und Portugal) herrschte im Hochmittelalter eine Koexistenz von Christen und Muslimen, da letztere seit dem 8. Jahrhundert weite Teile der Halbinsel erobert hatten und dort natürlich auch ihr Münzwesen einführten.

So ist es nicht verwunderlich, dass gerade in Spanien unter König Alfons VIII. von Kastilien (1158-1214) (Abb. 5) und in Portugal unter König Sancho I. (1185-1211) jeweils ein sogenannter „Morabitino" (Abb. 6) eingeführt wurde, der sich in Schrift und Münzbild stark an den arabischen Prägungen orientierte. In Kastilien trugen diese Goldmünzen sogar noch auf der Münze selbst die Bezeichnung „Dinar", wurden aber auch landläufig als „Alfonsino", „Maravedi" oder eben „Morabitino" bezeichnet.[1]

Auch in dem spanischen Königreich Leon gab es unter den Königen Ferdinand II. (1157-1188) und Alfons IX. (1188-1230) vereinzelt Goldmünzprägungen nach arabischem Vorbild.

Erst der sizilianische König und deutsche Kaiser Friedrich II. (1194-1250) ließ neben den auf Sizilien mittlerweile üblichen „Taris" eine neue Goldmünze prägen, die sich sowohl in Münzbild als auch Münzfuß an die römischen bzw. byzantinischen Solidi anlehnte: den „Augustalis". (Abb. 7)

Diese Goldmünze, die ab 1231 in Brindisi und Messina geprägt wurde, kann als erste rein europäische Goldmünze seit Ludwig dem Frommen gesehen werden, da sie keinen direkten Bezug mehr zu arabischen Goldmünzen aufwies und erstmals wieder ein Bildnis des Regenten aufzeigte. Passend zu dem Namen der Münze wurde Kaiser Friedrich II. auf der Vorderseite der Prägung in der Art eines römischen Imperators und der Adler als kaiserliches Herrschaftssymbol auf der Rückseite gezeigt.

Der Augustalis hat ein Normgewicht von 5,24 Gramm bei einem Durchmesser von 20 Millimetern. Bei einem Feingehalt von 20,5 Karat hat er ein Feingoldgewicht von 4,54 Gramm und ist demnach mit dem byzantinischen Solidus gleichzusetzen.

Vermutlich wurde diese Goldmünze sogar noch nach dem Tod Kaiser Friedrich II. bis 1266 weitergeprägt.[2]

In gleicher Abbildung existieren auch halbe Augustalen.

Allerdings hatte der Augustalis noch keine weitreichende Bedeutung für den Geld- und Warenhandel in Europa, jedoch lässt sich „aus der großen Zahl der verwendeten Stempel und der Existenz von halben und ganzen Augustalen schließen, dass es sich nicht nur um Repräsentationsgepräge handeln kann."[3]

1.2 Einführung bedeutender Goldmünzen im Spätmittelalter

1252 entschloss sich die Regierung der reichen und zur damaligen Zeit sehr wichtigen Stadtrepublik Florenz, eigene Goldmünzen zu prägen, um den blühenden Handel der Florentiner Kaufleute mit großen Teilen Europas zu unterstützen und dafür geeignete hochwertige Münzen zu schaffen. Es wurde der Fiorino d'oro (Floren bzw. Goldgulden) einge-

---

[1] Mittelalterliche Goldmünzen, Tafel 18
[2] Kluge, S. 127, § 66e
[3] Kluge, S. 127, §66e

führt (Abb. 8), der im Laufe der nachfolgenden Jahrzehnte sowohl im Münzfuß als auch im Erscheinungsbild in vielen Ländern Europas nachgeahmt wurde.

Diese Münze verkörpert in einem einzigen Geldstück den Wert von 240 Silberpfennigen.

Die Vorderseite zeigt den Schutzpatron der Stadt „Johannes der Täufer", während auf der Rückseite das Wappenzeichen der Stadt – die Florentiner Lilie – aufgeprägt ist. (Lateinisch: „Flos" = Blume. Davon leitet sich auch der Name der Münze ab.)

Mit einem Gewicht von 3,53 Gramm, einem Feingehalt von rund 950/1000, was im Mittelalter aufgrund der begrenzten technischen Möglichkeiten mit 24 Karat gleichsetzbar ist, und einem Durchmesser von 20 Millimetern war er über viele Jahre hinweg die wichtigste Goldmünze Europas.

„Die Bücher des Florentiner Münzamtes weisen in guten Jahren einen Ausstoß von bis zu 350.000 Florinen aus, das sind etwa 1,2 Tonnen Gold. Die Prägung der Goldgulden in Florenz endete 1533, als Cosimo I. von Medici das Münzwesen in seinem Machtbereich vereinheitlichte und nach französischem Vorbild den Scudo d'oro herausgab." [4]

Zeitgleich emittierte die Stadtrepublik Genua ebenfalls eine Goldmünze, den Genovino d'oro.

„Genua nimmt für sich in Anspruch, im Jahre 1252, noch vor Florenz Goldmünzen eingeführt zu haben. Der neue Genovino d'oro entspricht in seinem Wert und Gewicht genau dem Florentiner Gegenstück; eine Verabredung beider Städte hierüber ist jedoch nicht bekannt". [5]

Die Vorderseite der Münze zeigt eine stilisierte Burg und auf der Rückseite ist ein christliches Kreuz aufgeprägt. (Abb. 9) In den ersten Jahrzehnten der Prägeaktivität war das Aussehen des Genovino noch eher „schlicht", wie Abbildung 9 zeigt. Seit 1339 hingegen wurde der Münze reichhaltige gotische Ornamentik hinzugefügt und fortan auch die Namen der regierenden Dogen der Stadt angegeben, was ab 1339 eine exaktere zeitliche Zuordnung der einzelnen Münzen ermöglicht. (Abb. 10)

Der Genovino blieb jedoch in seiner Verbreitung auf die Stadt Genua und das Umland beschränkt[6] und erlangte nicht wie der Fiorino interna-

---

[4] Wikipedia, Artikel „Florin"
[5] Mittelalterliche Goldmünzen, Tafel 24
[6] Vgl. Mittelalterliche Goldmünzen, Tafel 24

tionale Bedeutung. Unter dem Namen „Genovino" wurde er bis 1415 geprägt, danach als „Dukat" tituliert.

Die erste Goldmünze mit dem Namen „Dukat" wurde 1284 von der Republik Venedig eingeführt. Durch die Lage Venedigs an der Adria, war die Lagunenstadt im mittelalterlichen Handel das Gegenstück zu der Stadt Genua, welche am Tyrrhenischen Meer liegt. Venedigs weitreichender Handel führte die Kaufleute über das östliche Mittelmeer bis nach Asien. Auch der bekannte Weltreisende Marco Polo war ein venezianischer Händler.

Um im florierenden Handel mit eigenen Goldmünzen gegenüber Genua und Florenz konkurrieren zu können, wurde der Dukat (oder Ducato d'oro bzw. Zecchino) exakt in Gewicht und Feingehalt an den dreißig Jahre vorher ausgegebenen Fiorino d'oro angelehnt und erlangte, auch aufgrund seiner hohen Prägezahl, schnell fast ebenso viel Akzeptanz und Verbreitung wie das Florentiner Pendant; allerdings weniger in Mitteleuropa als in Osteuropa und Vorderasien. (Abb. 11)

Auf der Vorderseite zeigt der Dukat den heiligen Markus - Schutzpatron von Venedig - der dem Dogen von Venedig die Herzogsfahne als Symbol der Herrschaft übergibt.

Die Rückseite zeigt Jesus Christus im Frontalbild, umgeben von Sternen. Diese Christusdarstellung lehnt sich an byzantinische Vorbilder an und zeigt die Hauptausrichtung des venezianischen Handels nach Osten hin an. Auch ist auf jeder Münze der Name des amtierenden Dogen angeben, so dass sich die Münzen zeitlich gut einordnen lassen.

Der venezianische Dukat wurde im östlichen Mittelmeerraum vielfach mit gleichem Münzbild imitiert und die Stadtrepublik selbst prägte diesen Münztyp bis zum Verlust ihrer Selbstständigkeit durch Napoleon Bonaparte im Jahre 1797. Aber sogar die nachfolgende österreichische Besatzungsmacht prägte bis 1815 nochmals Goldmünzen im Erscheinungsbild des Ducato d'oro. [7]

Somit ist der venezianische Dukat mit 531 Jahren Prägezeit weltweit die am längsten mit gleichem Bildnis und Münzfuß geprägte Münze überhaupt!

Diese drei italienischen Goldmünzen, Fiorino, Genovino und Ducato werden als Beginn des (erneuten) Goldmünzzeitalters Europas gesehen und die Jahre 1252 und 1284 markieren einen wichtigen numismatischen Wendepunkt in der Geschichte der europäischen Münzlandschaft.

---

[7] Schlumberger 1997, S. 808

Besonders der Dukat und der Goldgulden „sind von kaum zu überschätzender Bedeutung für die europäische Geldgeschichte geworden" [8]

1.3 Die fast vergessene Goldmünze

Bei dieser Aufzählung wird häufig eine weitere Goldmünze vernachlässigt, die mindestens ebensoviel Aufmerksamkeit verdient hätte wie die drei genannten norditalienischen Prägungen, da sie zu den ersten spätmittelalterlichen Goldmünzen überhaupt gehört, eine hohe Prägequalität aufweist und sich durch ein besonders schönes Münzbild hervorhebt:

Schon 1278 führte König Karl I. aus dem Hause Anjou in seinem Königreich Sizilien und Neapel ebenfalls eine Goldmünze ein, den **Saluto d´oro**. (Abb. 12)

Diese Münze wurde damit noch vor dem venezianischen Dukaten erstmals ausgegeben und wurde sogar relativ häufig in den schon durch die Prägung des Augustalis bewährten Münzstätten Messina und Brindisi geschlagen.

Der Saluto d´oro hat einen Durchmesser von 23 Millimeter und ein Sollgewicht von 4,44 Gramm bei einem Feingehalt von 24 Karat. Er ist damit um einiges schwerer als die norditalienischen Goldmünzen und wurde in ein Verhältnis von 5 sizilianische Tari = 1 Saluto d´oro gesetzt.

Abb. 13: Krönung von Karl I. zum König
von Sizilien durch Papst Clemens IV Sizilien 1154

Abb. 14: Karte des Königreiches

---

[8] Kluge, S. 125 §65a

König Karl I. (Abb. 13) war bereits seit 1266 König von Sizilien und Neapel (Abb. 14) und führte am Anfang seiner Regentschaft die sizilianische Münzpolitik seiner Vorfahren mit goldenen Taris und silbernen Realen fort. Sogar der goldene Augustalis, den Friedrich II. eingeführt hatte, wurde ab 1266 mit dem Bildnis Karls I. und dem königlichen Wappen anstelle des Adlers als „Reale d'oro" (Abb. 15) weitergeprägt – allerdings wohl nur noch zu Repräsentationszwecken, wie die geringe Menge an bekannten Münzen vermuten lässt.

In einer weitreichenden Münzreform „europäisierte" König Karl 1278 die süditalienischen Verhältnisse, und als neue Goldmünze führte er den oben genannten „Saluto d'oro" (bzw. Carlino d'oro) ein, der sich im Feingehalt an die Florentiner und Genueser Vorbilder anlehnte, aber fast ein ganzes Gramm schwerer war als Goldgulden und Genovino, so dass der goldene Saluto im Geldverkehr im Verhältnis von etwa 3:4 gehandelt wurde.[9]

Bei der Münzreform von 1278 führte Karl I. gleichzeitig eine bildgleiche Silbermünze, den Saluto d'argento, (Abb. 16a) ein. Allerdings fehlen auf der Silbermünze im Vergleich zu der Goldmünze Mond und Sterne rund um das Wappenschild. Die Silbermünze orientierte sich an der wenige Jahre zuvor (1266) in Frankreich eingeführten französischen Groschen-Münze, dem „Gros Tournois", (Abb. 16b) was nicht verwundern dürfte, da Karl I. ein jüngerer Bruder des regierenden französischen Königs Ludwig IX. war. Der Saluto d'argento wog 3,39 Gramm und hatte den Wert von 1/14 seines goldenen Pendants.[10] Auch ein halber Saluto d'argento wurde von 1278-1285 geprägt.

Der Name der Gold- und Silbermünzen – Saluto – spielt auf das Münzbild an: Es zeigt die biblische Verkündigungsszene (Annunciation), in welcher der Erzengel Gabriel Maria die Geburt ihres Sohnes Jesus Christus verkündigt.[11] (Abb. 17) Der Engel erhebt in der Darstellung die rechte Hand zum Gruß (lateinisch: „saluto" = grüßen, der Gruß). Zwischen dem Engel und Maria steht eine Blumenvase mit drei Lilien, da diese Blumen bereits in der Antike ein Symbol für Reinheit waren und daher auch als Symbol für Maria (die „Reine" oder „Unbefleckte") übernommen wurden.

---

[9] Vgl. Kluge, S. 127 §66f
[10] Vgl. Wikipedia, Artikel „Saluto"
[11] Die Bibel, Lukasevangelium, Kap. 1, Vers 28

Abb. 17: Verkündigungsszene, Kirche Maria Krönung, Lauterbach (um 1500)

Auf der Rückseite der Münze ist in dem zweigeteilten Wappenschild, welches von Mond und Sternen umgeben ist, rechts das Wappen von Frankreich zu sehen, weil Karl I. von Anjou als jüngster Sohn des französischen Königs Ludwig VIII. Prinz von Frankreich war. Im linken Feld des Wappenschildes deutet das Wappen von Jerusalem darauf hin, dass sich Karl I. im März 1277 den Titel des Königs von Jerusalem erkauft hatte und diesen seitdem ebenfalls trug.

Passend zu der Verkündigungsszene lautet die lateinische Inschrift auf der Goldmünze rund um die Abbildung von Engel und Maria: AVE GRACIA PLENA DOMINVS TECVM. Dieser Text ist dem Lukasevangelium, Kapitel 1, Vers 28, entnommen und heißt übersetzt: „Gegrüßet seist du Holdselige, der Herr ist mit dir".[12] Der Text wird heute noch in leicht veränderter Form in der katholischen Kirche als eines der Grundgebete, des sogenannten „Ave Marias" („Gegrüßet seist du Maria") gebetet.

Auf der Wappenseite lautet die Inschrift: KAROL' DEI GRA IERL'M SICILIE REX, was ausführlich geschrieben „Karolus Dei Gratia Ierosolymae et Sicilie Rex" heißt und übersetzt „Karl, von Gottes Gnaden, König von Jerusalem und Sizilien" bedeutet.

Wie schon bei den Augustalen von Friedrich II. ist die Prägequalität der Saluti außerordentlich gut und es wird berichtet, dass Karl höchstpersönlich im Juni 1278 die Bildentwürfe seines Künstlers Giovanni Fortino begutachtet haben soll und noch Änderungen an der Ausführung der Legenden wünschte. Allerdings war er sehr angetan von der bildli-

---

[12] Diogenes, Novum Testamentum, 1981

chen Umsetzung der biblischen Szene, auch wenn er sonst nicht immer einer Meinung mit Fortino war.[13]

„Geradezu bahnbrechend aber war die königliche Anordnung, dass das Münzbild immer aufrecht stehen sollte, wenn man die Münze in der Hand drehte. Karl I. ordnete damit als erster mittelalterlicher Herrscher wieder die eindeutig festgelegte "Stempelstellung" an, die es bereits in der Antike in der Form fixierter Stempelpaare gegeben hatte." [14]

Dieser Münztyp wurde unter Karl I. recht häufig geprägt. So deuten die verschiedenen Stempelvarianten (Abb. 18) darauf hin, dass immer wieder neue Stempel geschnitten werden mussten, da sie durch den Prägeprozess abgenutzt waren. Auch erfolgt noch heute der regelmäßige Aufruf dieser Münzen in großen Auktionen.

Neben dem ganzen Saluto d´oro wurde im 13. Jahrhundert auch ein halber Saluto geprägt, der als Sollgewicht 2,22 Gramm hatte und in entschieden geringerer Auflage emittiert wurde. (Abb. 19)

Aufgrund seiner kleineren Größe ist die Inschrift auf beiden Seiten verkürzt wiedergegeben.

Auf der Bildseite steht auf den ½ Saluti „AVE GRACIA PLENA DNS TECVM" (anstatt „DOMINVS") und auf der Wappenseite: „K DEI GRA IERL'M SICILIE REX" (anstatt „KAROL")

Abb. 20: König Karl II. 1254-1309

---

[13] Vgl. Kluge, S. 127 §66f und www.moneymuseum.com
[14] Auktionskatalog Künker Nr. 197, S. 65

Karls Nachfolger auf dem Königsthron, sein Sohn Karl II. von Anjou (1285-1309) (Abb. 20), folgte in der Münzpolitik seinem Vater und prägte auch weiterhin den Saluto d'oro als Goldmünze. Allerdings war diese nun nur noch auf dem italienischen Festland im Königreich Neapel Zahlungsmittel und nicht mehr auf Sizilien, da schon sein Vater Karl I. die Insel Sizilien in der sogenannten „Sizilianischen Vesper" 1282 an das Königshaus Aragon verloren hatte. Nun regierte auf Sizilien der spanische König Peter I. bzw. sein Nachfolger Jakob II. Beide Regenten führten die Tradition der Goldmünzprägung fort und emittierten seit 1282 den „Pierreale d'oro", welcher sich in Gewicht und Feingehalt an den Saluto d'oro anlehnte. (Abb. 21)

Trotzdem beanspruchte Karl II. weiterhin den Titel „König von Sizilien".

Der Saluto d'oro unter Karl II. zeigt einen leicht veränderten Stempelschnitt der Verkündigungsszene, bei der Maria und der Engel näher zusammenrücken und die rechte Hand des Engels stärker erhoben ist als auf den Münzen unter Karl I. (Abb. 22) Auch die Flügel des Engels sind voluminöser. Ferner tragen die Münzen verständlicherweise in der Umschrift den Namen des neuen Regenten: „KAROL' SCD' DEI GRA IERL' SICIL' REX", wobei die Abkürzung „KAROL SCD" für „Karolus secundus", also „Karl der Zweite" steht, und nach wie vor den Titel eines „Königs von Sizilien".

Einen silbernen Saluto d'argento gab es ebenfalls unter Karl II., aber auf die Ausprägung eines halben Saluto d'oro und halben Saluto d'argento wurde fortan verzichtet. Ab 1309 ruhte auch die Prägung der Saluto-Goldmünzen im Königreich Neapel, bis erst einige Jahrzehnte später Königin Johanna I. (1343-1382) einen Golddukaten und Goldfloren nach norditalienischem Vorbild im Königreich einführte.

1.4 Weitere Goldprägungen Europas im 13. Jahrhundert

Im Jahr der Einführung des Saluto d'oro, 1278, prägte neben Genua und Florenz nur noch das Königreich Kastilien (s.u.) europäische Goldmünzen, so dass der Saluto dadurch stark an Bedeutung für die Münzepoche des späten Mittelalters gewinnt.

Der bereits weiter oben erwähnte portugiesische Morabitino wurde nur bis zur Regierungszeit König Alfons II. (1211-1223) geprägt.[15]

---

[15] Friedberg 2008, S. 641

Die Ausmünzung des ebenfalls erwähnten „Pierreale d'oro" begann ab 1282 und kann als Nachfolgeprägung des Saluto d'oro auf Sizilien gesehen werden.

Der manchmal erwähnte „Ambrosino" aus Mailand, welcher schon in der zweiten Hälfte des 13. Jahrhunderts geprägt worden sein soll[16], ist frühestens auf die Mitte des 14. Jahrhunderts zu datieren.[17]

In Frankreich wurde nach einem ersten Versuch einer Goldmünzprägung unter König Ludwig IX. (1226-1270), die aber „über das Versuchsstadium nicht hinauskam"[18], eine regelmäßige Goldmünzprägung erst unter seinem Nachfolger König Philipp IV. im August 1290 mit dem „Petit Royal d'or" begonnen. Die erfolgreiche Einführung dieser Münze in den Zahlungsverkehr lag vermutlich daran, dass sich der Petit Royal d'or mit einem Gewicht von 3,54 Gramm an die norditalienischen Münzen anlehnte. (Abb. 23) Darüber hinaus emittierte Frankreich im späten 13. Jahrhundert (ab 1296) noch eine größere Goldmünze, den „Masse d'or" (Abb. 24), im Gewicht von zwei Florentiner Goldgulden, aber mit einem Feingehalt von lediglich 22 Karat statt 24 Karat, so dass er gerne als „falscher doppelter Floren" bezeichnet wird.[19]

England versuchte im Jahre 1257 unter König Heinrich III. (1216-1272) eine Goldmünze einzuführen. Dieser Goldpenny war aber ebenfalls kein Erfolg, weil er unter anderem zu unterwertig war und aus diesem Grund die Prägung schon wenige Jahre nach Beginn wieder eingestellt wurde.[20] Nur 7 Exemplare dieser Münze sind heute bekannt.[21] Erst 1344 begann England unter König Edward III. (1327-1377) mit einer regulären Goldmünzprägung, dem „Florin" und dem „Noble".

Nur in Spanien führte König Alfons X. (1252-1284) mit der 4,6 Gramm schweren „Dobla" (Abb. 25) im Königreich Kastilien bereits eine regelmäßige Goldmünzprägung ein, nachdem dort schon Jahre zuvor erfolgreich der Dinar/Morabitino geprägt wurde (s.o.).

Alle anderen Länder Europas prägten im 13. Jahrhundert überhaupt noch keine Goldmünzen! (Abb. 26)

---

[16] Friedberg 2008, S. 541
[17] Mittelalterliche Goldmünzen, Tafel 27
[18] Kluge, S. 137 §74a
[19] Vgl. Wikipedia, Artikel „Coinage of Philip IV."
[20] Spink 2007, S. 147
[21] Friedberg 2008, S. 403

Somit ist der Saluto d'oro zu seiner Zeit neben dem Fiorino, dem Genovino und der Dobla die einzige regelmäßige und für den Zahlungsverkehr geprägte Goldmünze Europas und trägt damit entscheidend zur Geschichte der Goldmünzprägung bei.

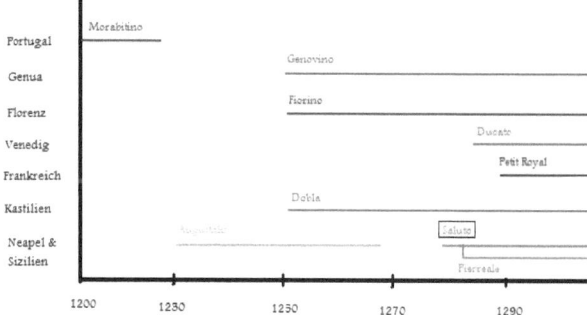

Abb. 26: Graphische Darstellung der Goldmünzen im 13. Jahrhundert

KAPITEL 2
Die englische Guinea –
vom Piratengold zur Recheneinheit

Welche Goldmünzen erbeuteten die Piraten der Karibik im 17. Jahrhundert, wenn sie, wie etwa im Hollywoodfilm „Fluch der Karibik" zu sehen ist, durch das Karibische Meer fuhren und den englischen Stützpunkt Port Royal auf Jamaika plünderten, welcher 1692 von einem Erdbeben zerstört wurde?

Womit wurde der deutsche Komponist Georg Friedrich Händel vergütet, als er ab 1712 in London lebte und für den deutschstämmigen König Georg I. das bekannte Werk, die „Wassermusik" (ca. 1717; genaues Datum ist ungeklärt) schrieb oder später in London das Oratorium „Messias" (1741) komponierte?

Und mit welchen Goldmünzen bezahlte der Herzog von Wellington seine britischen Militärtruppen 1813 im Feldzug gegen den französischen Kaiser Napoleon?

Die Antwort ist immer die gleiche: Mit Guineen (englischer Plural: „Guineas"; sprich: „ginis").

Diese Goldmünzen waren zwischen 1663 und 1816 Zahlungsmittel im englischen Königreich und gelangten auch in die zahlreichen Kolonien.

Mit der Guinea (Abkürzung: „1g" oder „1gn"), die über 150 Jahre lang im Britischen Empire im Umlauf war, beschäftigt sich das folgende Kapitel.

Eingebettet in eine kurze Biografie der einzelnen englischen Könige und Königinnen des oben genannten Zeitraums mit wichtigen historischen Ereignissen, beschreibt dieses Kapitel die Geschichte der Guinea, die Wertentwicklung der Goldmünze über die Jahre hinweg und stellt dabei die 53 verschiedenen Münztypen und Motivvarianten vor.

Auch nach der Ablösung der „Guinea" durch den „Sovereign" im Jahre 1817 (vgl. Kapitel 3), wurden weiterhin Preise für besondere Wertobjekte, wie z.b. Immobilien, Rennpferde, Antiquitäten, Kunstwerke und Schmuck oder professionelle Dienstleistungen, z.b. die eines Anwalts, in Guineen ausgedrückt, wie es in dem Beatles-Film „A hard day´s night" zu sehen ist: Spiel- und Spekulationsschulden von 100 Pounds (Sovereigns) werden hier in Guineen gerechnet.

Mit der Einführung der Dezimalwährung 1971 in Großbritannien verlor die Guinea weitgehend ihre Verwendung als Recheneinheit.

2.1 Namensgebung der Münze

Der Name der Goldmünze stammt von dem Herkunftsort des Edelmetalls ab, das zur Münzprägung verwendet wurde: Gold wurde Mitte des 17. Jahrhunderts an der Südküste Westafrikas gefunden. Deshalb besetzten die Engländer diesen Küstenabschnitt, der damals Guinea genannt wurde, und erhoben das Gebiet 1874 zu ihrer Kronkolonie „Goldküste". Diese Kolonie wurde 1957 unabhängig und heißt seitdem „Ghana". Das heutige westafrikanische Land „Guinea" hat mit der „Goldküste" jedoch nichts gemeinsam. (Abb. 27)

Allerdings war der Name „Guinea" anfangs nur die volkstümliche Bezeichnung für die neue Goldmünze. Offiziell wurde der Name erst ab 1717 verwendet.

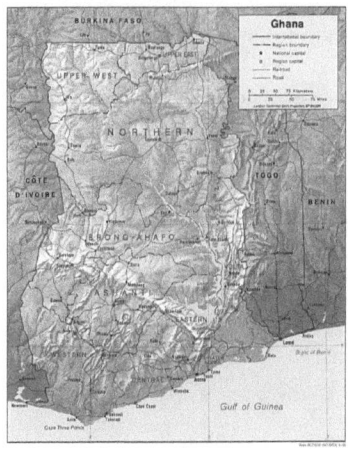

Abb. 27: Lage der Goldküste westlich der Stadt Accra
im heutigen Land Ghana / Westafrika; aus Wikimedia commons

2.2 Technische Daten und Wertentwicklung

Bis zur Einführung der Guinea (1663) wurden die meisten englischen Münzen per Hand geschlagen und als „hammered coins" bezeichnet. Dadurch waren Größe und Gewicht der einzelnen Münzen oft verschieden. Erst durch die maschinelle Produktion von Münzen, „milled coins" genannt, konnte jede Münze eines Nominals mit den fast gleichen technischen Daten hergestellt werden. Dies war besonders bei Gold- und Silbermünzen wichtig, da hier natürlich das Gewicht des Edelmetalls eine große Rolle spielte.

Durch die Tatsache, dass die Guinea keine Wertangabe aufgeprägt hatte, wurde ihr Nominalwert lediglich durch Größe, Gewicht und Erscheinungsbild bestimmt:

Eine Guinea wog durchschnittlich 8,350 Gramm, hatte einen Feingehalt von 916,6/1000stel (91,66% = 22 Karat) und einen Durchmesser von 25 bis 26 Millimeter.

In den ersten Jahrzehnten der Guinea-Prägung schwankten diese Angaben jedoch noch etwas, wie bei den jeweiligen Prägungen im Verlaufe des Artikels erwähnt wird.

Besonders der Metallwert der Guinea unterlag bis 1717 großen Schwankungen: Ursprünglich hatte die Guinea den Wert von einem Pfund (Pound), was im englischen Münzsystem 20 Schillingen (1 Schilling = 12 Pence) entsprach. Aber durch die Kriege des französischen Königs Ludwig XIV. („Sonnenkönig") in Europa schwankte der Wert des Edelmetalls erheblich, so dass der Wert einer Guinea bis zum Juni 1695 auf fast 30 Schillinge anstieg. Nach einer Münzreform im Jahr 1696, in der auch die alten „hammered coins" für ungültig erklärt wurden, sank der Wert schließlich auf 21 Schillinge und 6 Pence. Der neue Münzmeister der Königlichen Münze, Sir Isaac Newton – besser bekannt als Entdecker der Gravitation – setzte 1717 schließlich den Wert nach genauer Analyse des Edelmetallmarktes auf 20 Schillinge und 8 Pence fest. Das englische Parlament befand diesen Wert jedoch zu ungerade um als Geldeinheit dienen zu können und beschloss im Dezember 1717 eine Festlegung auf genau 21 Schillinge. Zwar war damit die Münze leicht überbewertet, was einige ausländische Händler dazu veranlasste, Gold nach Großbritannien zu bringen und dort lukrativ in Silber umzutauschen, aber trotzdem behielt die Guinea diesen Wert bis Ende des 18. Jahrhunderts.

Durch die Napoleonischen Kriege bzw. Revolutionskriege (1792-1815) und die dadurch verursachte politische Unsicherheit in Europa stieg der Goldpreis in den 90er Jahren des 18. Jahrhunderts erneut, so dass Großbritannien seine Produktion von ganzen Goldguineas 1799 offiziell einstellte.

Durchmesser	25 bis 26 mm.
Gewicht	8,3500 Gramm
Legierung	22 Karat
Feingehalt	916,6/1000
Goldgehalt	7,654 Gramm

2.3 Teilstücke und Mehrfach-Guineas

Neben der hier beschriebenen „Ganzen Guinea" (engl. „Full Guinea") gab es ab 1669 unter allen englischen Regenten auch kleinere Goldmünzen zu einer „Halben Guinea" (engl. „Half Guinea"). Dieses Nominal wiegt durchschnittlich 4,17 Gramm und wurde bis 1813 geprägt.

Um den Mangel an Silbergeld auszugleichen wurden 1718 und 1762 zweimalig Viertel-Guinea-Stücke geprägt, die ca. 2,087 Gramm wiegen. Und schließlich gab es von 1797 bis 1813 die „Drittel-Guinea" zu 2,783 Gramm, mit Ausnahme der Jahre 1805, 1807 und 1812.

Bereits 1664 wurde die „Doppelte Guinea" (2 Guineas) zu durchschnittlich 16,7 Gramm eingeführt; ab 1668 prägte England 5-Guinea-Stücke zu ca. 41,75 Gramm. Diese beiden Mehrfach-Guineas wurden unter allen Herrschern geprägt, bis die reguläre Produktion 1753 unter König George II. eingestellt wurde. Lediglich einige Probeprägungen gab es danach noch in den Jahren 1768, 1770, 1773 und 1777.

Teil- und Mehrfach-Guineas sind allerdings nicht Thema dieses Kapitels und wurden hier nur der Vollständigkeit halber erwähnt.

2.4 Einführung einer neuen Goldmünze unter König Charles II. (1660-1685)

Charles II. von England (deutsch: Karl II.; Abb. 28) bestieg am 29. Mai 1660 den Königsthron. Zum König war er ursprünglich bereits im Februar 1649 nach der Enthauptung seines Vaters Charles I. proklamiert worden. Kurze Zeit später erklärte jedoch das englische Parlament das Land zur Republik und Oliver Cromwell, der im Englischen Bürgerkrieg seit 1642 auf Seiten des Parlaments zum wichtigsten Feldherren gegen König Charles I. aufstieg, herrschte fortan als so genannter „Lordprotektor" über England.

Abb. 28: Charles II., gemalt von Thomas Hawker, 1680

Erst nach dem Tode Oliver Cromwells im Jahre 1658 und der erfolglosen Politik seines Sohnes und Nachfolgers Richard Cromwell konnte die Monarchie 1660 wieder hergestellt werden.

In die Regierungszeit König Charles II. fielen gleich in den ersten Jahren zwei große Katastrophen: 1664 bis 1666 wurde Südengland und London von der letzten großen Pest Europas heimgesucht, die rund 100.000 Todesopfer forderte, und im September 1666 brannte im „Großen Feuer von London" fast 4/5 der englischen Hauptstadt nieder.

Zu jener Zeit war in England die Goldmünze „Unite", die bereits unter König Charles I. (1625-1649) Verwendung fand, Zahlungsmittel, und wurde noch in den ersten Regierungsjahren von Charles II. geprägt bzw. geschlagen. Aber am 6. Februar 1663 wurde erstmals maschinell eine neue Goldmünze hergestellt und mit einer offiziellen Proklamation am 27. März des gleichen Jahres neues Zahlungsmittel in England: die „Guinea".

Zu Beginn der Prägung unter Charles II. hatte sie ein Gewicht von 8,4 – 8,5 Gramm, welches jedoch 1670 auf 8,3 bis 8,4 Gramm pro Münze gesenkt wurde, da der Wert des Goldes gestiegen war. Der Durchmesser betrug 25 Millimeter.

Die Gestaltung der Münze übernahm John Roettier (1631- ca.1700). Sie zeigt auf der Vorderseite einen nach rechts gerichteten Kopf des Königs, der einen Lorbeerkranz – ähnlich der römischen Kaiser – trägt. Die lateinische Umschrift lautet „CAROLVS II DEI GRATIA" („Karl (Charles) II. von Gottes Gnaden").

Auf der Rückseite der Münze sind vier in Kreuzform angeordnete und gekrönte Wappen zu sehen, die für England, Schottland, Frankreich und Irland stehen. Getrennt werden diese von vier Zeptern. In der Mitte dieser Münzseite ist viermal der Buchstabe „C" ineinander verschlungen (=„C"arolus). Die Umschrift der Rückseite lautet: „MAG BR FRA ET HIB REX" (Lateinische Abkürzung für: „König von Großbritannien, Frankreich und Irland" (Magnae Britanniae, Franciae et Hiberniae Rex)); dazwischen die Jahreszahl. Der Titel „König von Frankreich" ist ein rein theoretischer Titel seit dem Hundertjährigen Krieg (1337 bis 1453), der erst 1801 von König George III. im Rahmen der Vereinigung von Irland und Großbritannien abgelegt wurde (s.u.).

Damit kein Gold vom Rand der Guineas abgerieben werden konnte, ohne dass man es der Münze ansah, war der Münzrand - wie häufig bei Goldmünzen üblich - gerillt.

Unter Charles II. wurden vier verschiedene Münzvarianten geprägt, die sich in der Abbildung des Königs unterscheiden. (Abb. 29a-29d) Darüber hinaus gab es von den ersten drei Varianten jeweils Münzen, die einen Elefanten unter dem Kopfbild aufgeprägt hatten und von der vierten Variante sowohl Münzen mit „Elefant" als auch Münzen mit „Elefant und Turm" („Elephant & Castle") unter dem Königsporträt. (Abb. 30)

Abb. 30: „Elephant&Castle"-Symbol

Elefant und Turm waren Symbole der „Royal African Company", die Gold an der Westküste Afrikas förderte und Sklavenhandel betrieb. Münzen mit dem „Elephant & Castle"-Symbol unter dem Monarchenporträt bestanden aus Gold, das ausschließlich aus Westafrika, der Guinea-Küste stammte, und der Münze ihren Namen gab. (Siehe oben).

1663	Variante 1	Ohne Symbol	Porträt des Königs nach rechts gerichtet mit Lorbeerkranz
1663	Variante 1	Mit Elefant	dito
1664	Variante 2	Ohne Symbol	Dünnere Haarschleife; kein Punkt vor „DEI"; gewölbte Halslinie

1664	Variante 2	Mit Elefant	Dito
1664 -1673	Variante 3	Ohne Symbol	Haarschleife sitzt höher; gestauchtes Kopfbild; Haare reichen bis unter den Halsansatz
1664, 1665, 1668	Variante 3	Mit Elefant	dito
1672 - 1684	Variante 4	Ohne Symbol	Abgerundeter Halsansatz; Haare nur noch linkerhand des Kopfbildes
1674 - 1684	Variante 4	Mit Elefant & Turm	dito
1677 - 1678	Variante 4	Mit Elefant	dito

2.5 Goldmünzen unter James II. (1685-1688)

James II. (oder im Deutschen: Jakob II.; Abb. 31) wurde nach dem Tod seines Bruders Charles II. am 23. April 1685 zum letzten römisch-katholischen König des anglikanischen Englands gekrönt. Seine Untertanen misstrauten jedoch bald der Religionspolitik des Königs und standen dem harten Durchgreifen gegenüber Feinden der Monarchie skeptisch gegenüber. Dies führte letztendlich zu der „Glorreichen Revolution" von 1688/89, in der die Grundlage für das heutige parlamentarische Regierungssystem Englands geschaffen wurde („Bill of Rights"), und während derer der König im Dezember 1688 fluchtartig das Land Richtung Frankreich verließ. Diese Flucht wurde in England als Abdankung betrachtet.

Abb. 31: James II., gemalt von Godfrey Kneller, 1684

Die Religionszugehörigkeit der britischen Monarchen änderte sich ab diesem Zeitpunkt und auf James II. folgte nicht sein katholischer Sohn James F. Edward als James III. auf den Thron, sondern seine protestantische Tochter Mary, die mit Wilhelm von Oranien-Nassau verheiratet war.

Der Münzdesigner John Roettier gestaltete auch unter König James II. die Stempel der Goldmünzen. Dabei entsprach die Rückseite der Guineas denjenigen unter Charles II., jedoch ohne die vier verschlungenen „C"s in der Mitte der Münze. Die Vorderseite zeigt den Kopf des Monarchen nach links gewandt mit Lorbeerkranz im Haar und der Umschrift „IACOBVS II DEI GRATIA" (Jakob (James) II. von Gottes Gnaden).

Eine Guinea wog nun wieder 8,4 – 8,5 Gramm und hatte einen Durchmesser von 25-26 mm.

Zwei Münzvarianten wurden zwischen 1685 und 1688 unter James II. geprägt und beide kommen mit und ohne „Elephant & Castle"-Symbol vor. (Abb. 32a-32b)

1685/1686	Variante 1	Ohne Symbol	Porträt nach links gewandt mit Lorbeerkranz im Haar
1685/1686	Variante 1	Mit Elefant & Turm	dito
1686-1688	Variante 2	Ohne Symbol	Breiteres Kinn; Die beiden Striche der römische Zahl „II" nach IACOBVS stehen weiter auseinander
1686-1688	Variante 2	Mit Elefant & Turm	dito

2.6 Goldmünzen unter Mary II. & William III. (1689-1694)

Wie bereits erwähnt, folgte Mary (Maria; Abb. 33), die protestantische Tochter von James II., ihrem Vater auf den englischen Thron. Sie regierte gemeinsam mit ihrem Mann William (Wilhelm; Abb. 34) von Oranien-Nassau (Statthalter der Niederlande) von 1689 bis 1694 das Land. England war nach der „Glorreichen Revolution" eine konstitutionelle Monarchie geworden und das Monarchenpaar hielt sich weitgehend aus der Politik heraus.

Abb. 33: Mary II., gemalt von W. Wissing   Abb. 34: William III., 1689-1702

Auf der Vorderseite der Goldmünzen erscheinen beide Regenten gemeinsam Seite an Seite nach rechts blickend, wobei sich Williams Kopf vor dem Kopfbild von Mary befindet. Die Umschrift lautet: „GVLIELMVS ET MARIA DEI GRATIA" (lateinisch für: „Wilhelm und Maria von Gottes Gnaden").

Um sich von den vorherigen (katholischen) Regenten bewusst abzuheben, wurde die Rückseite der Guineas komplett neu gestaltet. Diese ziert nun ein großes gekröntes Wappenschild, das in der Mitte die Wappen von Frankreich, Schottland, Irland und England zeigt. Im Zentrum des Wappenschildes befindet sich der „Wilde Löwe von Nassau", das Symbol des deutschen Adelsgeschlechts Nassau, das eng mit dem niederländischen Haus von Oranien verbunden war.

Die Umschrift lautet: „MAG BR FR ET HIB REX ET REGINA" („König und Königin von Großbritannien, Frankreich und Irland").

Das Gewicht der Münzen bewegte sich zwischen 8,4 und 8,5 Gramm, der Durchmesser lag bei 25 – 26 mm und die Münzen wurden von James und Norbert Roettier entworfen.

Zum Ende der Regierungszeit der beiden Monarchen stieg der Wert des Goldes in den Münzen – und damit natürlich auch der Münzwert selbst – durch die Kriege des französischen Königs Ludwig XIV. stetig an.

In der Regierungszeit von Mary II. und William III. gab es nur einen Münztyp der Guinea ohne Varianten, aber teilweise mit dem „Elephant & Castle"-Symbol oder nur dem „Elefanten" unter den Porträts. (Abb. 35)

1689-1694	Variante 1	Ohne Symbol	Kopfbild des Königs und der Königin nach rechts blickend
1689-1694	Variante 1	Mit Elefant & Turm	dito
1692-1693	Variante 1	Mit Elefant	dito

2.7 Goldmünzen unter William III. (1694-1702)

Am 28. Dezember 1694 starb Königin Mary II. an Pocken. Ihr Ehemann William III. (Abb. 34) blieb weiterhin im Amt und regierte bis zu seinem Tod durch eine Lungenentzündung am 08. März 1702 das englische Königreich.

Sein alleiniges Porträt ist ab 1695 auf den Goldmünzen nach rechts gewandt und zeigt den Monarchen mit Lorbeerkranz. Die nun verkürzte lateinische Umschrift lautet: „GVLIELMVS III DEI GRA" („Wilhelm III. von Gottes Gnaden").

Auf der Vorderseite der Guinea sind nun wieder die in Kreuzform angeordneten gekrönten Wappen zu sehen, wie sie bereits auf den Guineas der Könige Charles II. und James II. verwendet wurden, da das unter Mary und William verwendete Bild eines großen Wappens (s.o.) bei dem Volk unbeliebt war. Im Mittelpunkt der vier Wappen ist der nassauische Löwe aufgeprägt. Die Umschrift lautet hier: MAG BR FRA ET HIB REX. („König von Großbritannien, Frankreich und Irland").

Der Entwurf der Münzen stammt vermutlich von John Croker, da der frühere Münzdesigner James Roettier 1698 starb und sein Bruder Norbert 1695 nach Frankreich ausgewandert war.

Die Münzen unter William III. wogen 8,3 - 8,4 Gramm und hatten einen Durchmesser von 25-26 Millimeter. Aus dem Jahr 1701 gibt es allerdings Goldguineas, die einen Durchmesser von fast 27 Millimetern aufweisen.

Alle Jahrgänge von 1695 bis 1701 existieren sowohl mit als auch ohne das „Elephant & Castle"-Symbol unter dem Kopfbild. (Abb. 36a-36b)

1695-1697	Variante 1	Ohne Symbol	Porträt des Monarchen nach rechts gewandt
1695-1696	Variante 1	Mit Elefant & Turm	dito
1697-1701	Variante 2	Ohne Symbol	Große Schleife im Haar. Kopfbild reicht fast bis an den oberen Münzrand; die Harfe im Irischen Wappen hat am oberen Ende einen Menschenkopf
1697-1701	Variante 2	Mit Elefant & Turm	dito
1701	Variante 3	Ohne Symbol	Wie Variante 2; aber ein größerer Durchmesser

2.8 Goldmünzen unter Anne (1702-1714)

Königin Anne – eine Schwester von Mary II. – bestieg nach dem Tod ihres Schwagers William III. den englischen Thron am 08. März 1702. (Abb. 37)

Abb. 37: Königin Anne, gemalt von August dem Starken, 1706

Während ihrer Regierungszeit wurden Schottland und England im Jahre 1707 durch den „Act of Union" zum „Vereinigten Königreich von Großbritannien" zusammengeschlossen. Seit 1603 waren diese beiden Länder aber bereits in Personalunion (durch den jeweils regierenden englischen Monarchen) verbunden, weshalb die Umschrift auf den englischen Münzen auch schon vor 1707 „König von Großbritannien" – also damit Schottland und England – lautete.

Anne war damit die erste Regentin eines geeinten Landes, das sich über die gesamte britische Insel erstreckte. Sie war ferner auch die letzte Monarchin aus dem Hause Stuart, da keines ihrer Kinder das Erwachsenenalter erreichte und die Thronfolge damit offen blieb, denn auch ihre Schwester Mary II. hatte keine erwachsenen Kinder hinterlassen.

Guineas wurden unter Königin Anne in allen Jahren zwischen 1702 und 1714 geprägt, mit Ausnahme des Jahrgangs 1704. Auf den Münzen des Jahres 1703 erscheint unter dem Kopfbild der Monarchin das Wort „VIGO", welches an die siegreiche Schlacht von Vigo (Spanien) 1702 erinnern soll und darauf hinweist, dass diese Münzen aus dem dort erbeuteten Siegesgold geprägt wurden.

Darüber hinaus existieren Münzen aus den Jahren 1707 bis 1709, die das „Elephant & Castle"-Symbol unter dem Kopfbild der Königin tragen.

Hatte die Rückseite der Guineas zu Beginn der Regierungszeit Annes noch das gleiche Aussehen wie unter William III. (allerdings anstelle des Löwen eine Rose in der Mitte), so änderte sich das Motiv 1707 mit der Vereinigung Schottlands und Englands:

Die Landeswappen von England und Schottland sind ab diesem Zeitpunkt Seite an Seite in <u>einem</u> Wappenschild auf der Münze zu sehen. Da dadurch eigentlich ein Wappenschild wegfallen müsste und drei (anstelle der bisher vier) Wappen unsymmetrisch aussähen, wurde das vereinte Wappenschild einfach zweimal auf die Münze geprägt, so dass die Reihenfolge der Wappen nun im Uhrzeigersinn lautet: England/Schottland, Frankreich, England/Schottland, Irland. Getrennt werden die vier Wappen weiterhin von vier Zeptern und in der Mitte steht jetzt das Symbol des britischen „Hosenbandordens", ein auf Strahlen gebetteter Kreis mit einem Kreuz darinnen.[22] (Abb. 38)

Die Umschrift bis 1707 lautete: „MAG BR FRA ET HIB REG" und ab 1707: „MAG BRI FR ET HIB REG" („Königin von Großbritannien, Frankreich und Irland").

Abb. 38: Wappen des Hosenbandordens

Auf die Vorderseite ist das Kopfbild der Königin nach links gewandt geprägt, mit der Umschrift „ANNA DEI GRATIA".

Die Münzen wiegen erstmals 8,35 Gramm und haben einen Durchmesser von 25 Millimetern. (Abb. 39a-39d)

---

[22] Vergleiche auch Kapitel 3.1

1702, 1705-1707	Variante 1	Ohne Symbol	Porträt der Königin nach links gewandt; Getrennte Wappenschilder (England, Schottland, Frankreich, Irland)
1703	Variante 1	Mit dem Wort „VIGO"	Dito
1707-1708	Variante 2	Ohne Symbol	Vereinte Wappenschilder (England/Schottland, Frankreich, England/Schottland, Irland)
1707-1708	Variante 2	Mit Elefant & Turm	dito
1707-1709	Variante 3	Ohne Symbol	Kürzere Haarsträhne aus dem Haarband hervorschauend; das Wort „GRATIA" ist enger geschrieben
1708-1709	Variante 3	Mit Elefant & Turm	dito
1710-1714	Variante 4	Ohne Symbol	Je ein Punkt nach „DEI" und nach „GRATIA"

2.9 Goldmünzen unter George I. (1714-1727)

Königin Anne hatte bei ihrem Tod keine Nachkommen hinterlassen und das englische Parlament war sehr darum bemüht, jeglichen katholischen Thronfolger für den vakanten britischen Thron auszuschließen, so dass die Thronfolge schließlich auf einen entfernten protestantischen Verwandten, Georg, Herzog von Braunschweig-Lüneburg, überging.

Dieser bestieg als George (I.) am 01. August 1714 den englischen Thron und wurde am 20. Oktober in der Westminister Abbey in London gekrönt. (Abb. 40)

George blieb aber Herzog von Braunschweig-Lüneburg und war zugleich Kurfürst und Erzschatzmeister des Heiligen Römischen Reiches.

Abb. 40: König George I., gemalt im Studio Godfrey Kneller, 1714

Während seiner Regierungsjahre in London besuchte er immer wieder seine deutsche Heimat Hannover und starb auf seiner sechsten Reise dorthin am 11. Juni 1727 in Osnabrück.

Guinea-Münzen wurden in allen Jahren seiner Regentschaft von 1714 bis 1727 geprägt. Aus den Jahren 1721, 1722 und 1726 existieren auch Münzen mit dem „Elephant & Castle"-Symbol.

Die Vorderseite der Goldmünzen von 1714 zeigt ein mit Lorbeerkranz nach rechts gewandtes Porträt des KönigS. Die bei früheren Goldmünzen auf Vorder- und Rückseite verteilte lateinische Umschrift wird bei den Guineas von George I. auf der Vorderseite zusammengefasst und erweitert: „GEORGIVS D G MAG BR FR ET HIB REX F D" („Georg von Gottes Gnaden, König von Großbritannien, Frankreich und Irland, Verteidiger des Glaubens" (= Fidei Defensor)).

Die Rückseite der Münze zeigt das gleiche Motiv wie unter Königin Anne, jedoch ist die Abfolge der Wappenschilder eine andere (im Uhrzeigersinn): England/Schottland, Frankreich, Irland und zusätzlich Hannover.

Ein völlig neuer Text umgibt das Motiv: „BRVN ET LVN DVX S R I A TH ET PR EL" („Herzog von Braunschweig und Lüneburg (*Abk.*: BRVNsviciensis ET LVNeburgensis DVX*), Erzschatzmeister (*Archi-THesaurarius*) und (*ET*) Kurfürst (*PRinceps ELector*) des Heiligen Römischen Reiches (*Sacri Romani Imperii*))".

Goldmünzen ab 1715 tragen die verkürzten Umschriften: „GEORGIVS D G M BR FR ET HIB REX F D" (Vorderseite) und „BRVN ET L DVX S R I A TH ET EL" (Rückseite).

Alle Münzen wiegen durchschnittlich 8,35 Gramm und haben einen Durchmesser von 25-26 mm. (Abb. 41a-41e)

Seit 1717 haben die Goldguineas, wie bereits erwähnt, einen festen Wert von 21 Schillingen.

1714	Variante 1	Ohne Symbol	Kopfbild des Königs nach rechts gerichtet; Ausführliche Umschrift
1715	Variante 2	Ohne Symbol	Verkürzte Umschrift, Haarband mit 2 Enden; kürzere Haare
1715, 1716	Variante 3	Ohne Symbol	Haarlocken enden bereits über dem Halsansatz; breiterer Halsansatz
1716-1723	Variante 4	Ohne Symbol	Haarband mit Schleife; Hals reicht bis an den Münzrand
1721, 1722	Variante 4	Mit Elefant & Turm	dito
1723-1727	Variante 5	Ohne Symbol	Älteres Kopfbild Georgs
1726	Variante 5	Mit Elefant & Turm	dito

2.10 Goldmünzen unter George II. (1727-1760)

George II. (Abb. 42) folgte seinem Vater am 11. Juni 1727 auf den englischen Thron. Er war der letzte britische Herrscher der außerhalb Großbritanniens, nämlich in Hannover geboren wurde.

Zu seiner Krönung im Oktober 1727 in der Westminster Abbey komponierte Georg Friedrich Händel die „Coronation Anthems" (Krönungshymnen), von denen „Zadok the Priest" seither bei jeder britischen Krönungszeremonie gespielt wird.

Abb. 42: König George II., gemalt von Charles Jervas, 1727

Um die Regierung des Landes kümmerte sich George II. nur wenig. Er überließ die Aufgaben weitgehend dem ersten Premierminister Robert Walpole.

Auch George II. war Erzschatzmeister und Kurfürst des Heiligen Römischen Reiches.

Die Regierungszeit des Monarchen dauerte recht lange – 33 Jahre – und endete mit seinem Tod am 25. Oktober 1760. Da sein ältester Sohn Friedrich Ludwig bereits mehrere Jahre zuvor verstorben war, trat sein Enkel die Nachfolge an.

Unter der Regierung von George II. gab es viele verschiedene GuineaS. Diese Goldmünzen wurden fast jedes Jahr geprägt, mit Ausnahme der Jahre 1742, 1744, 1754 und 1757.

Auf der Vorderseite ist das nach links gewandte Porträt des Königs zu sehen, mit der Umschrift „GEORGIVS II DEI GRATIA" („Georg II.

von Gottes Gnaden"). Im Großen und Ganzen lassen sich drei verschiedene Königsporträts unterscheiden: „Junger Kopf" („Young Head"), „dazwischen liegender Kopf" („Intermediate Head") und „Älterer Kopf" („Older Head"). Die Rückseite der Münze ziert ein einzelnes gekröntes Wappenschild, ähnlich dem unter William und Mary, mit vier kleineren innerhalb liegenden Wappen. Diese kleinen Wappen zeigen im Uhrzeigersinn die Wappen von England/Schottland, Frankreich, Hannover und Irland. Umgeben ist das Wappenschild von dem stark verkürzten lateinischen Text: „M B F ET H REX F D B ET L D S R I A T ET E" („König von Großbritannien, Frankreich und Irland, Verteidiger des Glaubens, Herzog von Braunschweig und Lüneburg, Erzschatzmeister und Kurfürst des Heiligen Römischen Reiches").

Alle Goldmünzen haben ein Gewicht von 8,35 Gramm und einen Durchmesser von 25-26 Millimetern. Lediglich einige Münzen von 1727 sind etwas kleiner und messen nur 24-25 mm. (Abb. 43a-43g)

Auf Münzen der Jahrgänge 1729, 1731, 1732 und 1739 erscheint manchmal die Abkürzung „E.I.C." unter dem Kopfbild des Königs. Diese weist darauf hin, dass die Münzen aus Gold geprägt wurden, welches von der „East India Company" aus Indien beschafft wurde. (Abb. 44)

Abb.44: Münzzeichen E I C

Darüber hinaus ist auf einigen Münzen des Jahres 1745 das Wort „LIMA" unter dem Porträt des Monarchen zu finden. Dies zeigt an, dass die Münzen aus peruanischem Gold geprägt wurden, das Admiral George Anson aus Lima mitbrachte.

Ab 1732 wurden mehr Goldmünzen geprägt als in den Jahren davor, da alte, geschlagene („hammered") Goldmünzen aus dem Verkehr gezogen und für die Prägung neuer Guineas verwendet wurden.

1727	Variante 1	Ohne Symbol	Junger Kopf des Königs nach links gewandt
1727, 1728	Variante 2	Ohne Symbol	Junger Kopf, kleineres Wappenschild, größere Buchstaben
1730-1732	Variante 3	Ohne Symbol	Eher quadratisches Wappenschild; Schmälerer Kopf

1729, 1731, 1732	Variante 3	Mit Buchstaben „EIC"	dito
1732-1738	Variante 4	Ohne Symbol	Große Buchstaben auf der Vorderseite, kleine Buchstaben auf der Rückseite
1732	Variante 4	Mit Buchstaben „EIC"	dito
1739-1741, 1743	Variante 5	Ohne Symbol / GEORGIUS statt GEORGIVS	„Dazwischen liegender Kopf" („Intermediate Head") mit vollerem Haar, nun auch links des Halses
1739	Variante 5	Mit Buchstaben „EIC"	dito
1745	Variante 6	Ohne Symbol / GEORGIUS	„Intermediate Head" und große Buchstaben auf der Vorderseite
1745	Variante 6	Mit dem Wort „LIMA" /GEORGIUS	dito
1746	Variante 6	GEORGIVS statt GEORGIUS	dito
1747-1753, 1755-1756, 1758-1760	Variante 7	Ohne Symbol / GEORGIVS	Älterer Kopf von George II.

2.11 Goldmünzen unter George III. (1760-1820)

Nach dem Tod seines Großvaters George II. bestieg George III. (Abb. 45) am 25. Oktober 1760 den englischen Thron. Er war der erste „deutsche" Monarch der in Großbritannien geboren wurde und gleichzeitig Herzog von Braunschweig-Lüneburg bzw. nach der Neuordnung Europas durch den Wiener Kongress 1815, König von Hannover war.

Abb.45: George III., gemalt von Allan Ramsay, 1761-62

Er war, wie seine beiden Vorgänger, Erzschatzmeister und Kurfürst des Heiligen Römischen Reiches bis zu dessen Auflösung im Jahre 1806. Während seiner Regierungszeit gingen die Nordamerikanischen Kolonien verloren, die sich 1776 vom Mutterland unabhängig erklärten und zu den „Vereinigten Staaten von Amerika" wurden. 1801 verschmolzen die beiden Königreiche Irland und Großbritannien zu einem Staat namens „Vereinigtes Königreich von Großbritannien und Irland", der bis 1927 existierte.

Obwohl George III. offiziell von 1760 bis 1820 König von Großbritannien war, übernahm sein ältester Sohn ab 1811 die Regierungsgeschäfte, da sich der Geisteszustand von George III. aufgrund einer Stoffwechselkrankheit (Porphyrie) dermaßen verschlechterte, dass er nicht mehr regieren konnte.

George III. starb am 29. Januar 1820 im Windsor Castle und sein ältester Sohn bestieg als George IV. den englischen Thron. (Vgl. Kapitel 3)

Goldguineas unter George III. wurden 1761, 1763-1779, 1781-1799 und 1813 geprägt. Dabei zeigt die Vorderseite das Kopfbild des Monarchen nach rechts gerichtet mit der Umschrift „GEORGIVS III DEI GRATIA" („Georg III. von Gottes Gnaden").

Die Rückseite zeigt von 1761 bis 1786 ein großes gekröntes Wappenschild mit den einzelnen Wappen von England/Schottland, Frankreich, Irland und Hannover innerhalb, wie zur Regierungszeit von George II. Die Umschrift lautet auch auf diesen Münzen: „M B F ET H REX F D B ET L D S R I A T ET E" (Übersetzung siehe oben). (Abb. 46a-46d) Von 1787 bis 1799 wurde die Rückseite neu gestaltet und zeigt ein spatenförmiges Wappenschild aber mit den gleichen vier Wappen wie bisher darinnen. Dieser Guinea wird als „Spade-Guinea" bezeichnet und ist heutzutage am häufigsten, obwohl er nur zwölf Jahre lang geprägt wurde, was vermutlich daran liegt, dass 1774 fast 20 Millionen gebrauchte Guineas von König William III. und Königin Anne eingeschmolzen wurden, um daraus neue Guineas und kleinere „Half-Guineas" zu prägen. (Abb. 47)

Am Ende des 18. Jahrhunderts wurde Gold immer knapper und damit wertvoller. Die Französische Revolution 1789 und die darauf folgenden Französischen Revolutionskriege verbrauchten große Goldreserven und viele Menschen begannen Gold zu horten. Deshalb wurde 1799 die Produktion von Goldguineas eingestellt. Lediglich kleinere Nominale wie der Halbe- oder Drittelguinea wurden weitergeprägt. (s.o.)

1813 wurde es jedoch nötig, die Armee des Herzogs von Wellington zu bezahlen, der in den Pyrenäen gegen Kaiser Napoleon kämpfte. Die Leute akzeptierten nur Goldmünzen und so wurden nochmals 80.000 Guineas für diesen Zweck ausgeprägt. Da der Wert einer Guinea mittlerweile fast 27 Schillinge betrug, war diese Prägung für die britische Regierung allerdings ein schlechtes Geschäft.

Das Design des Guineas von 1813 ist völlig anders als die vorherigen Ausgaben und zeigt auf der Rückseite ein gekröntes rundes Schild mit der Inschrift „Honi soit qui mal y pense" (Motto des Hosenbandordens; „Ein Schelm, wer Böses dabei denkt"). Innerhalb des Kreises befinden sich die Wappen von England (Großbritannien), Irland und Hannover. Die lateinische Umschrift lautet: „BRITANNIARUM REX FIDEI DEFENSOR" („König der Briten, Verteidiger des Glaubens").

Auf der Vorderseite ist das Kopfbild George III. zu sehen mit der Umschrift: „GEORGIVS III DEI GRATIA". Da der Guinea zu rein militärischen Zwecken ausgegeben wurde, wird er in der Fachliteratur als „Military Guinea" bezeichnet. (Abb. 48)

Die Guineas unter George III. wiegen 8,35 Gramm und haben einen Durchmesser von 24-25 Millimetern.

1761	Variante 1	Ohne Symbol	Kopfbild des Königs nach rechts gerichtet mit Lorbeerkranz
1763-1764	Variante 2	Ohne Symbol	Volleres Haar, längere Schleife und breiterer Halsansatz; Haare nun auch rechterhand des Halses
1765-1773	Variante 3	Ohne Symbol	Größeres Kopfbild; Lorbeerkranz reicht zwischen die Umschrift
1774-1779 1781-1786	Variante 4	Ohne Symbol	Kürzerer Halsansatz links, flacherer Hinterkopf; längere Haare bis unter den Halsansatz
1787-1799	Variante 5	Ohne Symbol	„Spade-Guinea"
1813	Variante 6	Ohne Symbol	„Military-Guinea"

1816 wurde das Münzsystem in Großbritannien vollständig umgestellt und der Guinea wurde durch den „Gold-Sovereign" ersetzt, über den das nächste Kapitel ausführlich berichtet.

2.12 Fälschungen von Gold-Guineas

Wie leider bei fast allen Goldmünzen gibt es auch von der Guinea Fälschungen. Der im englischen Sprachraum bekannte „Seaby's Katalog" bzw. „Spink" warnt vor besonders häufigen Fälschungen des Jahrgangs 1798. Diese wurden offensichtlich in den 70er Jahren des 20. Jahrhunderts im Libanon hergestellt. Darüber hinaus existieren noch zahlreiche Messing-Imitationen der Guinea, die aber allesamt anhand des leichteren Gewichtes für den kundigen Sammler schnell zu erkennen sein dürften.

Letztendlich ist die Häufigkeit von Fälschungen im Vergleich zu dem langen Prägezeitraum und der relativ hohen Preise für Goldguineas eher gering und der Sammler kann sich fast ungetrübt an einem Stück englischer und europäischer Geschichte erfreuen, das er sich mit diesen wertvollen Goldmünzen, - die vielleicht sogar schon Piraten in der Hand hielten - in seine Sammlung legt.

KAPITEL 3
Der britische Sovereign und Halfsovereign – die wohl bekanntesten Goldmünzen der Welt

Im 17. und 18. Jahrhundert war in Großbritannien, wie in Kapitel 2 beschrieben, die Guinea als Goldmünze im Umlauf, deren Wert anfänglich 20 Schillinge, später 21 Schillinge betrug. Am Anfang des 19. Jahrhunderts stieg der Wert der Guinea sogar bis zu 30 Schillingen. Diese Entwicklung bewirkte unter anderem, dass 1813 ein neuer Münzmeister, William Pole, an der Royal Mint (Königliche Münzstätte) in London eingestellt wurde, der das Münzwesen Großbritanniens völlig neu ordnen sollte.

Während dieser sogenannten „Great Recoinage" (1813-1816) zog die Prägeanstalt aus dem „Tower" von London aus und bekam ein neues Gebäude in der Nähe des „Tower Hill". Dort wurden moderne Münzpressen, von James Watt und Matthew Boulton entwickelt, installiert.

Die Guinea wurde letztmals 1813 geprägt.

1817 wurde schließlich der „Sovereign" als neue Goldmünze im Wert von 20 Schillingen eingeführt.

Allerdings war der Name „Sovereign" nicht neu, da eine Goldmünze mit diesem Namen bereits 1489 unter König Henry VII. geprägt wurde. Diese Münze zeigte auf der „Wertseite" einen Schild über der Tudor-Rose und auf der Bildseite den Monarchen, also den „Sovereign", auf einem Thron sitzend. Von diesem Bildnis wurde der Name der Münze abgeleitet. (Abb. 49)

Wenngleich auch hier die Rede von einer „Wertseite" ist, so muss man bei den englischen Goldmünzen beachten, dass diese keine eindeutige Wertangabe aufweisen. Ihr Nominalwert wird lediglich über die Größe und das Gewicht der Münze definiert. Trotzdem sind alle Goldmünzen Großbritanniens gesetzliches Zahlungsmittel.

Für den Geldumlauf wurden zwei Größen des Sovereigns verwendet: Der ganze Sovereign (= 1 Pound bzw. Pfund) und der halbe Sovereign (Halfsovereign = ½ Pound). Darüber hinaus existieren noch weitere englische Goldmünzen im Wert von 2 Pounds (2 Sovereigns) und 5 Pounds, die in der Regel jedoch in Sets und sehr kleiner Auflage emittiert wurden.

Übersicht über die Gewichte und Maße des Halfsovereigns und Sovereigns:

Halber Sovereign	
Gewicht	3,994 Gramm
Durchmesser	19,30 mm
Feingehalt	916,66 / 1000
Feingewicht	3,6575 Gramm
Karat	22

Ganzer Sovereign	
Gewicht	7,988 Gramm
Durchmesser	22,05 mm
Feingehalt	916,66 / 1000
Feingewicht	7,315 Gramm
Karat	22

Für den ersten neuen Goldsovereign im Jahre 1817 wurde der Italiener Benedetto Pistrucci als Graveur verpflichtet, der den heiligen Georg im Kampf mit dem Drachen als Münzmotiv vorschlug, um damit an den Sieg der englischen Truppen (symbolisiert durch „St.Georg") über Napoleon („Drache") im Jahre 1815 zu erinnern. (Abb. 50)

Abb. 50: St. Georg im Kampf mit dem Drachen (Bulgarische Ikone)

Der heilige Georg, der ca. 303 n. Chr. starb, erlangte durch die Legende vom Kampf mit einem Drachen, der die Stadt Lybia bedrohte, große Berühmtheit. Seit dem 14. Jahrhundert ist St. Georg der Schutzpatron Englands, obwohl es historisch gesehen keinen Bezug zwischen dem heiligen Georg und England gibt.

Trotzdem wurde Pistruccis Bildnis kennzeichnend für die englischen Goldmünzen, denn bis heute wird dieses Motiv noch immer für englische Goldsovereigns verwendet.

3.1 Sovereigns unter George III. (bis 1820)

Von 1817 bis 1820 wurde der erste (neue) Sovereign unter König George III. (Abb. 45) im Gewicht von 7,98 Gramm mit einem Gold-Feingehalt von 916,6/1000 geprägt. Diese Münze zeigt auf der Rückseite George III. als König mit Lorbeerkranz nach römischen Vorbild, umgeben von der Randinschrift: GEORGIUS III. D.G. BRITANNIAR. REX F.D. Ausgeschrieben lautet die Inschrift: „Georgius III. Dei Gratia, Britanniarum Rex, Fidei Defensor." (George III., König der Briten, von Gottes Gnaden und Verteidiger des Glaubens).

Die Wertseite zeigt St. Georg im Kampf mit dem Drachen und den Schriftzug „Honi soit qui mal y pense" (Ein Schelm, wer Böses dabei denkt), der das Motto des ältesten und höchsten englischen Ordens, des Hosenbandordens, darstellt. (Abb. 51) Diesem Orden gehören neben dem Monarchen noch 24 Ritter an und er wurde 1348 von König Eduard III. gegründet.

Von diesem Goldsovereign wurden zwischen 1817 und 1920 6.518.037 Exemplare geprägt.

Auch ein halber Sovereign mit einem Gewicht von 3,99 Gramm (916/1000 Gold) wurde in diesem Zeitraum geprägt, allerdings mit einem gekrönten Wappen anstelle des St. Georg-Motives auf der Vorderseite. (Abb. 52)

Von dem halben Sovereign (Halfsovereign) verließen 3.145.526 Münzen die Royal Mint.

3.2 Sovereigns unter George IV. (1820-1830)

George IV. (Abb. 53) folgte seinem Vater 1820 auf den Thron, nachdem er bereits seit 1811 als Prinzregent regierte, da sein Vater aus Krankheitsgründen den Amtsgeschäften nicht mehr nachkommen konnte.

Abb. 53: König George IV., gemalt von Sir Thomas Laurence, 1816

Zu Beginn der Regentschaft wurden Goldsovereigns mit dem Bildnis St. Georgs im Kampf mit dem Drachen geprägt (1821-1825), allerdings nun ohne den Schriftzug „Honi soit qui mal y pense" auf der Vorderseite. Die Auflage des Goldsovereigns betrug in diesem Zeitraum 23.346.918 Exemplare. (Abb. 54) Da aber die Gravurarbeiten für englische Münzen seit Jahren der Familie Wyon vorbehalten waren, gab es öfter Streitigkeiten zwischen William Wyon, dem „rechtmäßigen Erben" der Familie Wyon, dem neuen Designer Benedetto Pistrucci und dem Münzmeister der Royal Mint.

Schließlich setzte William Wyon seine Interessen durch und verbannte 1825 das St. Georgs-Motiv von den Sovereigns, ebenso wie die römische Darstellung des englischen Königs.

Die Sovereign-Münzen des Jahres 1825 zeigen zwar teilweise noch St. Georg mit dem Drachen, aber viele haben bereits ein völlig neues Design mit einem gekrönten Wappenschild, das von dem französischen Graveur Jean Baptiste Merlen entworfen wurde und aus den einzelnen Wappen von England (zweimal), Schottland und Irland sowie mittig aus dem Wappen von Hannover zusammengesetzt wurde.

Die Bildseite wurde ebenfalls erneuert und zeigt ein neues Porträt von König George IV., ohne römischen Lorbeerkranz und mit verkürzter Umschrift. (Abb. 55)

Diese Münze wurde von 1825 bis 1830 in einer Auflage von 17.409.733 Exemplaren geprägt.

Die halben Sovereigns unter George IV. weisen drei verschiedene Motive auf. So gab es 1821 eine Münze in einer Auflage von 231.288 Ex.

die den belorbeerten König auf der einen und ein reich verziertes Wappen mit Krone auf der anderen Seite zeigt. (Abb. 56) Von 1823 bis 1825 zeigt der Halfsovereign ein unverziertes Wappen und den Königskopf mit Lorbeerkranz; (Abb. 57) die Münzen von 1825 bis 1830 tragen das gleiche gekrönte Wappen wie der Ganze Sovereign, sowie das neue Porträt von George IV. auf der Rückseite. (Abb. 58)

3.3 Sovereigns unter William IV. (1830-1837)

Am 26. Juni 1830 folgte George's Bruder als William IV. auf den englischen Thron. (Abb. 59) Er hatte Zeit seines Lebens nicht damit gerechnet, jemals König zu werden, weil er nur der drittgeborene Sohn von George III. war. Da aber sein zweitältester Bruder Friedrich August bereits 1827 kinderlos gestorben war, musste der leidenschaftliche Seemann und Admiral schließlich doch den Thron besteigen.

Seine Sovereigns und Halfsovereigns zeigen auf der Wertseite das gekrönte Wappenschild und auf der Rückseite das Porträt William IV., von William Wyon entworfen. Die Jahreszahl ist nun auf der Vorderseite zu finden und wird durch das Wort „ANNO" (Jahr) eingeleitet. (Abb. 60)

Dieser Sovereign wurde in einer Auflage von 9.171.655 Exemplaren und der entsprechende Halfsovereign in einer Menge von 1.163.525 Exemplaren geprägt.

Abb. 59: William IV, gemalt von Sir David Wilkie um 1836

Abb. 61: Königin Victoria (Fotografie)

3.4 Sovereigns unter Victoria (1837-1901)

Als William IV. starb, hinterließ er keine Kinder, so dass ihm seine 18-jährige Nichte Victoria (Abb. 61) auf den Thron folgte. Die englischen Könige seit George I. (1714) waren in Personalunion auch Kurfürsten bzw. Könige des Hauses Hannover in Deutschland. (Siehe Kapitel 2) Da aber in Hannover laut Thronfolgeregelung nur Männer den Thron besteigen konnten, endete mit Königin Victoria die Personalunion zwischen England und Hannover.

Während ihrer Regentschaft wurden nicht nur drei verschiedene königliche Porträts für die Sovereign-Münzen verwendet, es entstanden auch Zweigstellen der britischen Münzprägeanstalt in den australischen Kolonien mit eigenen Goldmünzen und später entsprechenden Münzzeichen.

1838 erschienen die ersten Goldmünzen mit dem Bildnis der jungen Königin, die nach links gewandt dargestellt ist. Ihr Haupt ziert keine Krone sondern die Haare sind zu einem Knoten zusammengebunden. Die Umschrift lautet „VICTORIA DEI GRATIA" und die jeweilige Jahreszahl der Prägung ist am Halsende angegeben.

Die „Wertseite" zeigt das gekrönte Wappen mit den Wappenbildern Englands, Schottlands und IrlandS. Das Wappen Hannovers ist aus oben genannten Gründen nicht mehr auf den britischen Münzen vertreten. (Abb. 62)

Dieser Münztyp wurde von 1838 bis 1874 fast jährlich mit kleineren Veränderungen (z.B. mit und ohne Stempelnummern) geprägt. Lediglich in den Jahren 1840 und 1867 gab es keinen Sovereign aus Großbritannien. Aus den Jahren 1880, 1886 und 1887 existieren Ausgaben in Polierter Platte (PP).

Ein Halber Sovereign mit gleichem Bild der Königin, aber verkleinertem Wappen (Abb. 63), wurde zwischen 1838 und 1887, mit Ausnahme der Jahre 1840, 1868, 1881 und 1882, geprägt. Die Jahreszahlen 1839 und 1886 kommen nur als PP-Version vor.

Im Jahre 1851 wurden in der britischen Kolonie New South Wales in Australien große Mengen an Gold gefunden. Da dieses Gold schon bald als „illegales" Geld in Umlauf kam, und somit eine Gefährdung der bestehenden Währung bedeutete, beschloss die englische Regierung, eine Münzstätte in Sydney zu gründen, die das gewonnene Gold direkt zu Münzen prägen konnte, ohne es auf einen langen Weg nach England zu schicken und schließlich als geprägte Münze wieder zurück nach Australien zu verschiffen.

1854 wurde die Sydney Mint in einem Gebäude des Macquarie's Krankenhauses eröffnet und die ersten Goldmünzen verließen im Juni 1855 die Münzstätte.

Die australischen Sovereigns und Halfsovereigns aus den Jahren 1855 und 1856 zeigen das gleiche Bildnis Königin Victorias wie ihre englischen PendantS. Allerdings wurde die Inschrift auf „VICTORIA D: G: BRITANNIAR: REGINA: F: D:" erweitert. Die Wertseite unterscheidet sich jedoch maßgeblich: Hier ist die Landesbezeichnung „Australia", der Name der Münzstätte „Sydney Mint", und eine eindeutige Wertangabe „One Sovereign" aufgeprägt. (Abb. 64a)

Ab 1857 änderte sich das Bildnis der Königin: Die Haartracht Victorias wurde auf den Münzen mit Zweigen anstatt mit Bändern verziert und die Haare wurden anders gesteckt als vorher. In der Umschrift ist das Wort „REGINA" nun verkürzt als „REG" wiedergegeben. (Abb. 64b)

Australische Sovereigns wurden bis 1870 in einer Auflage von knapp 26 Millionen Exemplaren, die Halfsovereigns bis 1866 in einer Auflage von 3.117.500 Exemplaren geprägt.

Die australische Stadt Melbourne, die zu der Kolonie „Victoria" gehörte, hatte bereits 1852 bei der britischen Regierung den Antrag auf den Bau einer Münzstätte gestellt. Die Engländer entschieden sich aber, wie oben erwähnt, für Sydney als Münzstätte und Melbourne musste bis 1869 warten, bis diese Stadt ebenfalls die offizielle Erlaubnis zur Münzprägung für das Britische Empire erhielt.

Die ersten Goldsovereigns verließen die Melbourne Mint 1872.

Seit 1871 wurden die australischen Sovereigns und Halfsovereigns optisch identisch mit dem Aussehen der englischen Goldsovereigns geprägt. Die Wertseite mit der Bezeichnung „Australia" und „One Sovereign" wurde durch das gekrönte Wappen der britischen Münzen ersetzt. Da es nun mit Sydney und Melbourne zwei „Filialen" der Londoner Münzprägeanstalt gab, deren Goldmünzen sich nicht von den britischen Prägungen unterschieden und im gesamten Britischen Empire Gültigkeit hatten, bekamen die „Filialmünzen" einen zusätzlichen Buchstaben aufgeprägt, der diese Münzen, ähnlich den deutschen Münzen mit den Prägebuchstaben A-H, den jeweiligen Münzstätten zuordnet.

Sydney ist durch ein „S" verschlüsselt, Melbourne durch ein „M". Die englischen Münzen aus London hingegen haben kein extra Münzzeichen.

Auch in einer anderen Hinsicht bescherte das Jahr 1871 den Goldsovereigns eine Änderung: Benedetto Pistruccis Bild von St. Georg im Kampf mit dem Drachen wurde wieder auf den englischen Goldmünzen eingeführt. Allerdings wurde die Auflage der Goldmünzen von 1871 bis

1874 zwischen dem „Wappen-Motiv" und dem Motiv mit St. Georg aufgeteilt. Ab 1875 prägte London dann schließlich nur noch Sovereigns mit St. Georg und dem Drachen. (Abb. 65)

Die Sovereigns aus Australien („M"+„S") gibt es ebenfalls - von 1871 bis 1887 - in zwei Varianten, sowohl mit Wappen als auch mit St. Georg.

Das Erscheinungsbild des Halfsovereigns lässt sich etwas einfacher beschreiben, da dieser im Zeitraum von 1838 bis 1887 mit dem gleichen Motiv (Bildnis der jungen Victoria / verkleinertes Wappen) geprägt wurde. Sydney übernahm das Motiv ab 1871 bis 1887 (mit Ausnahme der Jahrgänge 1873, 1877, 1884 und 1885) und Melbourne prägte diesen Münztyp in den Jahren 1873, 1877, 1881, 1882 und 1884 bis 1887. (Vgl. Abb. 63)

Zum Goldenen Regierungsjubiläum der englischen Königin Victoria 1887 wurde endlich ein neues Porträt der Monarchin auf den britischen Münzen verwendet. Die Münzen bis 1887 zeigen die Königin als junge Frau im Alter von 18 Jahren, obwohl sie mittlerweile 68 Jahre alt war!

Das neue Bild zeigt die Königin mit einer Krone auf dem Haupt, Ohrringen und Perlenkette. Das Porträt wurde von Joseph Edgar Boehm entworfen und von Leonard Charles Wyon graviert. Die Umschrift lautet: VICTORIA D.G. BRITT. REG. F.D.

Auf der „Wertseite" ist St. Georg mit dem Drachen zu sehen und die Jahreszahl der Prägung. (Abb. 66)

Dieser Münztyp wurde in London von 1887 bis 1892 in einer Auflage von über 30 Millionen Exemplaren geprägt. Sydney und Melbourne emittierten ihn von 1887 bis 1893.

Der Halfsovereign der Jahre 1887 bis 1893 zeigt zwar das „Jubiläumsbild" der Königin; auf der „Wertseite" ist jedoch nach wie vor das gekrönte Wappenschild zu sehen. Geprägt wurde der Halfsovereign in London 1887 und 1890 bis 1893, in Sydney 1887, 1889 und 1891 bis 1893 und in Melbourne durchgehend von 1887 bis 1892, allerdings nur in Polierter Platte; 1893 dann sowohl in PP als auch in „normaler" Ausprägung. (Abb. 67)

Ab 1893 wurde schließlich das Erscheinungsbild von Sovereigns und Halfsovereigns vereinheitlicht und Königin Victoria erhielt nochmals ein neues Aussehen auf den englischen Münzen.

Ein 1891 einberufenes Komitee, aus acht Mitgliedern der Royal Academy bestehend, entwarf neue Porträts für die Königin, von denen das Bildnis von Sir Thomas Brock auserwählt wurde, das die Monarchin mit Schleier, Diadem und Perlenkette zeigt. Die Umschrift wurde um den Zusatz „IND. IMP." erweitert, der ausgeschrieben „Indiae Imperatoria" und übersetzt „Kaiserin von Indien" bedeutet, da Königin Victoria seit 1876 in Personalunion auch indische Kaiserin war. (Abb. 68)

Im Jahre 1899 wurde eine dritte Außenstelle der Royal Mint in Australien eröffnet. Da die vier einzelnen Kolonien Australiens erst 1901 zu einem Land vereinigt wurden, war jede englische Kolonie selbst für ihren Geld- und Zahlungsverkehr verantwortlich. In Westaustralien stieg die Bevölkerung innerhalb eines Zeitraums von 20 Jahren zwischen 1880 und 1900 von ca. 48.000 auf 180.000 Menschen. In der größten Stadt der Kolonie, in Perth, fehlte es häufig an Bargeld, um Waren zu bezahlen. Um diesem Umstand ein Ende zu bereiten, wurde in Perth 1896 der Grundstein für eine neue Prägeanstalt gelegt. Münzen aus Perth tragen das Münzzeichen „P". Durch diese dritte Prägeanstalt waren drei der fünf Kolonien auf dem australischen Kontinent mit eigenen Münzstätten versorgt. (Abb. 69)

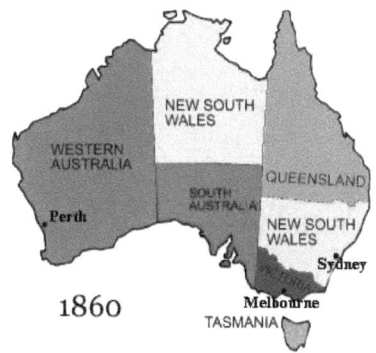

Abb. 69: Karte von Australien mit Einteilung der Kolonien

Die Münzzeichen sind auf den Goldmünzen des Wappen-Typs direkt unterhalb des Wappenschildes deutlich zu lesen (Abb. 70a) und auf den Ausgaben mit dem jungen Königinnenporträt und St. Georg auf der „Wertseite", am Halsende des Porträts klar zu erkennen. (Abb. 70b)

 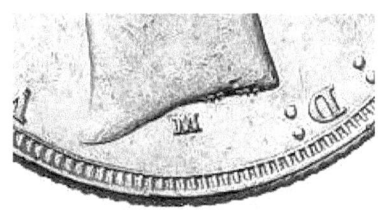

Abb. 70a: Münzzeichen „S"   Abb. 70b: Münzzeichen „M"

Die Münzen mit dem Motiv von St. Georg ab 1887 haben das Münzzeichen jedoch ziemlich klein in den „Balken" (Boden auf dem der Drache liegt) mittig über der Jahreszahl eingraviert und es ist damit schwerer zu erkennen. (Abb. 71)

Abb. 71: Münzzeichen „M"

Der sogenannte „Old Head"-Sovereign wurde in London, Sydney und Melbourne von 1893 bis 1901 und in Perth von 1899 bis 1901 geprägt. Den Halfsovereign findet man aus London, Melbourne und Perth mit den gleichen Jahrgängen wie den Sovereign. Aus Sydney existieren jedoch nur Prägungen der Jahre 1893, 1897 und 1900.

In den 90er Jahren des 19. Jahrhunderts begann man, die alten, verbrauchten und abgenutzten Goldmünzen des Britischen Empires einzuschmelzen, um daraus neue Münzen zu prägen. Die Angabe einer Auflagenzahl für englische Goldmünzen des 19. Jahrhunderts spiegelt deshalb nicht die tatsächliche Häufigkeit wider.

Königin Victoria starb am 22. Januar 1901 nach einer 64-jährigen Regierungszeit, die als „Viktorianisches Zeitalter" bezeichnet wird. Alle Münzen des Jahres 1901 zeigen noch die Königin auf der Bildseite. Erst 1902 erscheint Eduard VII., der Sohn Victorias, auf den britischen Münzen.

3.5 Sovereigns unter Eduard VII. (1901-1910)

George William De Saulles entwarf das Porträt von König Eduard VII., *(Abb. 72)* der mit ungekröntem Haupt und Bart nach rechts blickend auf den englischen Prägungen von 1902 bis 1910 zu sehen ist.

Abb. 72: König Edward VII., gemalt von Sir Luke Fildes, 1905

Die Umschrift um das Bildnis wurde um den Zusatz: BRITT. „OMN." (omnes = alle) erweitert, was zum Ausdruck bringen soll, dass Eduard VII. der König „aller" Briten im gesamten, weltumspannenden Britischen Reich ist, denn die vielen britischen Kolonien waren zu dieser Zeit rund um die Welt auf allen Kontinenten verteilt.

Die Vorderseite zeigt Pistruccis Bild mit St. Georg und dem Drachen. (Abb. 73)

Während der Regentschaft von Eduard VII. wurde eine weitere Zweigstelle der Royal Mint 1908 in Ottawa (Kanada) eröffnet, die das Gold aus dem „Bonanza Creek", einem Nebenfluss des Klondike-River, zu Münzen verarbeiten sollte. Die Auflagenzahl der kanadischen Sovereigns von 1908 bis 1919 ist allerdings sehr gering. So gibt es nur 44.921 Münzen unter der Regentschaft Eduards VII. und rund 583.000 Münzen aus den Jahren 1911 bis 1919. Diese Münzen wurden mit dem Buchstaben „C" als kanadische Prägungen gekennzeichnet.

Alle australischen Prägestätten und die Londoner Münze emittierten Goldsovereigns unter Eduard VII. durchgehend von 1902 bis 1910 sowie Halfsovereigns, mit gleichem Motiv, in London durchgehend von 1902 bis 1910, in Sydney 1902, 1903, 1906-1908 und 1910, in Melbourne 1903 und 1905-1909 und in Perth 1904, 1908 und 1909.

3.6 Sovereigns unter George V. (1910-1936)

Der zweite Sohn Eduard VII. folgte 1910 als George V. (Abb. 74) auf den englischen Thron, da sein älterer Bruder Kronprinz Albert Victor 1892 verstorben war. George hatte, wie sein Vater und seine Großmutter, gleichzeitig den Titel des Kaisers von Indien inne und war bis zur Unabhängigkeit Irlands 1922 auch dortiger König.

Abb. 74: König George V. (Fotografie)

Die Bildseiten der Sovereigns und Halfsovereigns zeigen den Monarchen, nach einem Entwurf des australischen Künstlers Sir Edgar Bertram Mackennal, nach links blickend und ohne Krone. (Abb. 75) Auf den Wertseiten ist das bekannte Bild von St. Georg im Kampf mit dem Drachen zu sehen. Allerdings ist zu erwähnen, dass es ein weiteres Bildnis des Königs für koloniale Münzen gibt, das George V. mit Krone und Büste zeigt. Das 15 Rupien-Goldstück aus Indien von 1918, das in Gewicht und Durchmesser mit den britischen Sovereigns identisch ist, stellt ein gutes Beispiel dafür dar. (Abb. 76) Aber auch auf den kanadischen Fünf- und Zehn-Dollar-Goldmünzen von 1912-1914 ist der gekrönte George V. zu sehen.

Neben den Städten Sydney, Perth, Melbourne und Ottawa wurden unter George V. zwei weitere Filialen der Königlich Britischen Münze eröffnet: 1918 in Bombay (Indien) und 1923 in Pretoria (Südafrika). Damit wurde während der Regentschaft George V. der Sovereign auf allen 5 Kontinenten der Erde geprägt.

Die indischen Sovereignprägungen (nicht zu verwechseln mit der oben genannten 15-Rupien-Prägung) der Münzstätte Bombay tragen den Buchstaben „I" als Münzzeichen und wurden lediglich von 1918 bis April 1919 in einer Auflage von 1.295.372 Exemplaren mit der Jahreszahl 1918 emittiert. Das Gold hierfür kam aus Südafrika, da es dort noch keine geeignete Prägeanstalt gab. 1919 beschloss die englische Regierung in Pretoria eine Prägestätte zu etablieren und eröffnete diese schließlich 1923. Münzen aus Pretoria sind an den Buchstaben „SA" für „South Africa" zu erkennen.

Als in Europa 1914 der Erste Weltkrieg ausbrach, rückten viele europäische Staaten vom sogenannten Goldstandard ab. (Vgl. Kapitel 5)

Die Ausprägung der goldenen Sovereigns wurde in London nach 1915 stark reduziert und 1917 gänzlich eingestellt. Viele der geprägten Münzen wurden sogar zur Finanzierung der Kriegskosten eingeschmolzen.

Damit endet die Ära des Sovereigns als tägliches Zahlungsmittel in England. In den Kolonien war der Sovereign allerdings weiterhin im Umlauf: Neben den bereits erwähnten Prägungen von Ottawa (bis 1919) und Bombay (1918) prägten Sydney bis 1926, Perth und Melbourne bis 1931 und Pretoria sogar bis 1932 Goldsovereigns als Umlaufmünzen.

Der letzte reguläre Sovereign wurde 1932 in Südafrika in einer Auflage von 1.066.680 Exemplaren geprägt. Dann verabschiedete sich auch dieses Land vom Goldstandard, da der Goldpreis Anfang der 30er Jahre so stark gestiegen war, dass er den Nominalwert der Münzen übertraf. 1933 war somit das erste Jahr seit fast 100 Jahren, in dem in keinem Teil des Britischen Empires ein Goldsovereign oder ein Halfsovereign geprägt wurde.

Winston Churchills Versuch, den Goldstandard in Großbritannien wieder einzuführen (1925-1931), bescherte den Engländern eine letzte reguläre Prägung des Sovereigns im Jahre 1925. Diese Münze war in den 30er und 40er Jahren des 20. Jahrhunderts sehr rar und bei Sammlern gesucht. Allerdings prägte die Royal Mint zwischen 1949 und 1952 fast eine Million Sovereigns mit der Jahreszahl 1925 zur Verwendung in Übersee nach, so dass es nun eine Gesamtauflage von 4.406.431 Münzen mit der Jahreszahl 1925 (und ohne Münzzeichen) gibt. Obwohl in den oben genannten Jahren bereits George VI. König von Großbritannien war, entschied man sich für die Verwendung der alten Prägestempel mit dem Bildnis des verstorbenen George V., da die einzigen für Sovereigns existierenden Prägestempel von George VI. 1937 hergestellt wurden und einen glatten statt geriffelten Rand hatten. Diese waren damit nicht als Münzen für den Zahlungsverkehr geeignet, da ein wertminderndes Abfeilen von Gold am Rand der Münze nicht aufgefallen wäre. (Siehe Kapitel 3.8) Die Nachprägungen sind an dem relativ breiten Rand der Münzen zu erkennen.

1929 veränderte sich das Porträts George V. auf den Münzen geringfügig: Der Kopf des Monarchen wurde nun etwas kleiner als bisher dargestellt. Diesen Münztyp emittierten allerdings nur noch die Prägestätten Melbourne, Perth und Pretoria. (Abb. 77)

Die Produktion des Halfsovereigns wurde in London 1915 und in Sydney 1916 eingestellt. Perth prägte halbe Sovereigns 1911, 1915 und 1918, Melbourne nur 1915 und Pretoria 1923, 1925 und 1926. Alle Halfsovereigns zeigen das größere Bildnis George V. und auf der „Wertseite" St. Georg mit dem Drachen.

3.7 Sovereigns unter Eduard VIII. (1936)

Nach dem Tod von König George V. folgte dessen ältester Sohn Eduard im Januar 1936 als Eduard VIII. (Abb. 78) auf den englischen Königsthron. Seine Regentschaft währte allerdings nur rund 11 Monate, da er die bürgerliche Amerikanerin Wallis Warfield Simpson heiraten wollte. Dieser Wunsch zwang ihn zur Abdankung am 11. Dezember 1936 zugunsten seines Bruders George.

Eduard heiratete schließlich im Juni 1937 Wallis Simpson und trug fortan den Titel „Herzog von Windsor".

Abb. 78: Edward (VIII.) 1932

Abb. 79: Probeprägung mit dem Bildnis König Edward VIII. (1937)

Mit dem Bildnis Eduard VIII. wurden erst nach seiner Abdankung einige wenige Probe-Goldsovereigns geprägt, die die Jahreszahl 1937 tragen aber nur Repräsentationszwecken dienten. (Abb. 79)

3.8 Sovereigns unter George VI. (1936-1952)

Eduards Bruder regierte als George VI. (Abb. 80) das Britische Empire. War er am Anfang seiner Regentschaft auch noch Kaiser von Indien, verlor er diesen Titel im Jahre 1947, nachdem das koloniale Indien in die unabhängigen Staaten Pakistan und Indien geteilt wurde.

Goldsovereigns und Halfsovereigns gab es unter George VI. nur als Gedenkprägungen zu dessen Inthronisation in einem Set mit weiteren Goldmünzen zu 2 Pounds und 5 Pounds im Jahre 1937. Die Bildseite zeigt auf diesen Prägungen den König nach links blickend nach einem Entwurf von Thomas Humphrey Paget. Die Umschrift ist – bis auf den Königsnamen – identisch der Münzen seines Vaters George V. Die Vorderseite zeigt St. Georg mit dem Drachen. (Abb. 81)

Sovereign und Halfsovereign haben eine Auflage von jeweils 5.501 Exemplaren, die nur in der speziellen Prägetechnik „Polierte Platte" ausgegeben wurden. Dass diese Münzen nicht als Zahlungsmittel gedacht waren, zeigt auch die Tatsache, dass der Rand der Sovereigns nicht, wie sonst üblich, geriffelt ist. Diese Riffelung diente früher dazu, zu vermeiden, dass vom Rand der Münzen Gold abgerieben wurde und das Gewicht der Münzen damit sank, bzw. das abgeriebene Gold gewinnbringend verkauft würde.

Abb.: 80: Georg VI. (Fotografie)

3.9 Der Sovereign während und nach dem Zweiten Weltkrieg

Obwohl der Sovereign seit mehreren Jahren kein gesetzliches Zahlungsmittel mehr war, erfreute er sich nach wie vor sowohl in England aber besonders auch auf dem gesamten europäischen Festland großer Beliebtheit. Während der deutschen Besatzung im 2. Weltkrieg (1939-1945) wurde der Sovereign häufig als Wertmaß und Zahlungsmittel in den entsprechenden Ländern benutzt. So berechneten z.b. die Griechen den Wert der im Krieg zerstörten Güter in Sovereigns, und den alliierten Kampfpiloten wurden Goldsovereigns in ihr „Survival-Kit" (Notfallpaket) gepackt. Damit konnten sie, falls sie über feindlichem Gebiet abgeschossen wurden oder notlanden mussten, in den meisten Fällen Nahrungsmittel und Dienstleistungen in den europäischen Ländern bezahlen, da der Sovereign dort gerne akzeptiert wurde.

Im Nachkriegseuropa verknappte sich allmählich das Angebot der britischen Goldmünze, da nach wie vor einige Länder den Sovereign als Wertmaß benutzten. Mieten in Athen, der Ölhandel in Saudi-Arabien und generell der Geldtransfer im Nahen Osten basierten auf dem Goldsovereign oder wurden sogar mit diesem bezahlt. (Saudi-Arabien ließ 1950 extra 2 Millionen Goldmünzen im Wert und Gewicht eines Sovereigns – allerdings mit komplett verschiedenem Aussehen - prägen, um den örtlichen Bedarf zu decken. (Abb. 82)) Die große Nachfrage ließ demnach auch bald den Preis des Sovereigns steigen. Dies wiederum ermunterte Geldfälscher zur Nachprägung von Sovereigns, denn obwohl diese Fälschungen oft aus echtem Gold hergestellt wurden, war zu dieser Zeit die Herstellung für die Fälscher sehr lukrativ, da sie teurer verkaufen konnten.

Noch heutzutage begegnet man in Ländern des Nahen Ostens gefälschten Sovereigns und Halfsovereigns, die jedoch selbst für das weniger geschulte Auge eindeutig von den Originalen zu unterscheiden sind.

Zu erwähnen ist ebenfalls, dass Südafrika unter britischer Hoheit von 1952 bis 1960 Goldmünzen im Wert von ½ Pound und 1 Pound prägte, die in Gewicht, Feingehalt und Durchmesser identisch mit den britischen Halfsovereigns und Sovereigns sind. Die Münzen von 1952 zeigen das Porträt von König Georg VI. mit der Umschrift GEORGIVS SEXTVS REX und werden gerne als „Ersatzstücke" für eine Sovereignsammlung genutzt, da der Goldsovereign von 1937 mit König Georges Bildnis sehr selten und sehr teuer ist. Auf der Wertseite ist eine afrikanische Gazelle zu sehen, die Staatsbezeichnung in Afrikaans und Englisch, das Prägejahr und die Wertangabe „£1" (1 Pound) bzw. "£1/2" (1/2 Pound). (Abb. 83) Von der 1-Pound-Münze kamen 16.502 Exemplare in Stempelglanz und 12.000 Exemplare in PP auf den Markt, von der ½-Pound-Münze wurden in Stempelglanz 500 Exemplare weniger geprägt. Die Anzahl an PP-Prägungen ist gleich der Ein-Pfund-Münze. Alle südafrikanischen Goldmünzen von 1953 bis 1960 tragen das Porträt von Königin Elisabeth II. (Abb. 84) 1961 wurde Südafrika eine unabhängige Republik mit eigener Währung, dem "Rand".

3.10 Sovereigns unter Elisabeth II. (1952-2012)

Elisabeth folgte am 6. Februar 1952 ihrem Vater George im Alter von nur 25 Jahren auf den Thron. (Abb. 85) Nach dem 2. Weltkrieg zerfiel allmählich das Britische Empire und über 40 Kolonien und Mandatsgebiete wurden während der Regierungszeit Elisabeth II. in die Unabhängigkeit entlassen. Der Königin fallen heute in erster Linie repräsentative Aufgaben zu.

Zu ihrer Krönung im Jahre 1953 wurde ein sogenanntes „Krönungsset" von Goldmünzen wie auch schon bei ihrem Vater George VI. emittiert. Es enthielt neben einer 2-Pound and 5-Pound-Münze auch einen Sovereign und einen Halfsovereign.

Die Münzen aus diesem Set waren jedoch für Münzkollektionen und Galerien und nicht als Sammlerobjekte oder Zahlungsmittel gedacht.

Abb. 85: Königin Elisabeth II. (Fotografie)

Das Design des Kopfbildes der Königin für diese Münzen wurde von Mary Gillick entworfen und zeigt die junge Königin nach rechts blickend. Ihr Haar ist – ähnlich der jugendlichen Abbildung von Königin Victoria – zu einem Knoten zusammengebunden. Die Umschrift lautet: ELIZABETH II DEI GRA BRITT OMN REGINA F.D. („Elisabeth II., von Gottes Gnaden Königin aller Briten und Verteidigerin des Glaubens"). Rückseitig ist St. Georg mit dem Drachen zu sehen. Alle Prägungen des Jahres 1953 erschienen in Polierter Platte. (Abb. 86a)

Um den Münzfälschungen der 40er und 50er Jahre des 20. Jahrhunderts ein Ende zu bereiten, wurde ab 1957 der Goldsovereign wieder offiziell von Großbritannien im Wert von 20 Schillingen geprägt. Damit sollte die stetige Nachfrage nach diesen Münzen gestillt und der Preis auf einen eindeutigen Wert (20 Schillinge) festgelegt werden.

Der Sovereign hatte einen geriffelten Rand und wurde in den Jahren 1957-1959 und 1962-1968 mit dem Bildnis der jungen Königin Elisabeth II.

in einer Auflage von über 45 Millionen Exemplaren geprägt. Halfsovereigns gab es in diesen Jahren jedoch nicht.

Die Inschrift auf den Sovereigns ab 1957 ist gegenüber der Prägung von 1953 leicht verkürzt. Da in den ersten Jahren der Regierungszeit von Königin Elisabeth II. viele Kolonien unabhängig wurden, entschloss man sich, den Zusatz „BRITT OMN" fortan auf Münzen wegzulassen und so lautet die Umschrift seit 1957: ELIZABETH II DEI GRATIA REGINA F.D.. (Abb. 86b)

Am 15. Februar 1971 trat in Großbritannien eine Währungsreform in Kraft, bei der die britische Währung auf das Dezimalsystem umgestellt wurde, um sie an die übrigen europäischen Länder anzugleichen. Ein Sovereign war fortan 100 Pence wert.

Die Goldmünzen von 1974, 1976 und 1978-1984 zeigen ein zweites Porträt der englischen Königin, das von Arnold Machin entworfen wurde. Auf britischen Briefmarken war dieses Bildnis schon seit 1967 zu sehen. Königin Elisabeth trägt nun ein Diadem in ihrem Haar und die Inschrift wurde auf ELIZABETH II D.G. REG. F.D. verkürzt. (Abb. 87) Waren die Sovereigns der frühen 70er Jahre noch als Anlagegold geprägt worden (in Stempelglanz; „stg."), so wurden sie ab 1979 sowohl in Stempelglanz als auch in PP und in den Jahren 1983 und 1984 nur noch für den Münzsammler in der Ausführung „Polierte Platte" geprägt.

Aus den Jahren 1980 und 1982-1984 gibt es wieder Halfsovereigns, wobei nur das Jahr 1982 in Stempelglanz, alle anderen Jahrgänge in PP geprägt wurden. Die Auflage der Halfsovereigns beträgt insgesamt 2.579.000 Exemplare.

1985 wurde ein drittes Porträt der Königin auf den englischen Münzen eingeführt. Raphael David Maklouf entwarf ein Bildnis auf dem Elisabeth nun eine Krone, Ohrringe und eine Perlenkette trägt. Die Inschrift lautet: ELIZABETH II DEI GRA. REG. F.D.. Rückseitig ist das bekannte Bild des Heiligen Georg zu sehen. Sovereigns und Halfsovereigns mit diesem dritten Porträt wurden von 1985 bis 1988 und von 1990 bis 1997 lediglich in der Ausführung PP geprägt. (Abb. 88)

Unterbrochen wurde diese Prägung 1989 von einer erstmaligen Sovereigngedenkausgabe zum 500. Jahrestag des Goldsovereign, der erstmals 1489 unter König Henry VII. geprägt wurde. (s.o.) Auf dieser Münze ist Königin Elisabeth II. auf dem Krönungsstuhl aus dem Jahre 1303 zu sehen, der in der Westminster Abbey steht. Rückseitig wurde das gekrönte Wappen Englands, Schottlands und (Nord-)Irlands auf einer Tudorrose im Stil des ersten Sovereigns geprägt. Die Umschrift auf der Wertseite lautet: Anniversary of the Goldsovereign 1489-1989. Entworfen wurde das Design der Münze von Bernard Sindall. Dieser Goldsovereign ist nach den ersten Prägungen aus Sydney der einzige Münztyp, der eine Wertangabe (GOLDSOVEREIGN) enthält. Geprägt wurde diese Münze als Sovereign und Halfsovereign in einer Auflage von jeweils 28.000 Exemplaren in PP. (Abb. 89)

Ian Rank-Broadley gab dem Aussehen der Königin auf britischen Münzen ab 1998 nochmals ein neues Design. Der Kopf der gealterten Monarchin wurde wieder vergrößert dargestellt und die Halspartie verkürzt. In ihrem Haar trägt Elisabeth eine Tiara und die Inschrift ist gleich der des vorherigen SovereignS. Auf der Rückseite bekämpft St. Georg weiterhin den Drachen.

Dieses Porträt der Königin wird noch heute verwendet. (Abb. 90) Die „Wertseite" der Goldsovereigns wurde jedoch dreimal in den letzten Jahren für jeweils ein Jahr verändert: Zum 50. Regierungsjubiläum der Königin 2002 zeigen die Sovereigns und Halfsovereigns das britische Wappenschild, wie es letztmals auf den Sovereigns bis zu Königin Victorias 50. Regierungsjubiläum 1887 verwendet wurde. Diese Münze wurde 2002 in einer Auflage von 100.000 Exemplaren sowohl als Sovereign als auch als Halfsovereign geprägt. (Abb. 91)

Im Jahre 2005 wurde Pistruccis Bild von St. Georg und dem Drachen durch ein neues Bild des Künstlers Timothy Noad ersetzt, das zwar immer noch St. Georg im Kampf mit dem Drachen zeigt, aber das Motiv wurde entschieden modernisiert. Böse Zungen behaupten, St. Georg sehe auf dieser Münze aus wie Lord Farquar aus dem Kinofilm „Shrek".

Die Auflage für den 2005er Sovereign und Halfsovereign beträgt jeweils 75.000 Exemplare. (Abb. 92)

Zum 60. Regierungsjubiläum 2012 erschien wiederum ein modernisiertes Bild von St. Georg im Kampf mit dem Drachen, gestaltet von dem Künstler Paul Day, der zu seinem Entwurf sagte: „Ich habe mich für eine romantische Version des St.Georg-Themas entschieden: Ein mittelalterlicher Ritter wie aus der Arthur-Legende, sehr traditionell für unsere Kultur, und dagegen der Drache, dem ich ein bedrohlicheres Aussehen und Größe gab, so dass er eine wirkliche Bedrohung darstellt."[23] (Abb. 93)

Den Jubiläums-Sovereign gibt es in Stempelglanz und in Polierter Platte; darüber hinaus auch als 5-Pfund-Stück, als Doppel-, Halb- und Viertel-Sovereign in beiden Prägeausführungen. Letzterer wurde 2009 als weiteres Teilstück neben dem Halfsovereign eingeführt, da durch den stark gestiegenen Goldpreis ab 2008 der Ganze Sovereign übermäßig teuer wurde.

---

[23] www.royalmint.co.uk

Bereits 2005 würdigte Australien das 150-jährige Jubiläum der ersten australischen Sovereign-Prägung aus dem Jahre 1855 (s.o.) mit einer Nostalgieprägung, die die Wertseite des alten Sovereigns zeigt. Auf der Rückseite ist das aktuelle Bildnis Königin Elisabeths zu sehen. In Durchmesser, Gewicht und Feingehalt ist diese Münze den britischen Sovereigns gleichgestellt. (Abb. 94)

Seit dem Jahr 2000 emittiert die Royal Mint neben den Sovereigns in Polierter Platte auch wieder sogenannte „Bullion-Ausgaben" in Stempelglanz, die als Goldanlagemünzen dienen, da sie mit einem nur geringen Aufschlag über dem aktuellen Goldpreis ausgegeben werden.

Die Goldsovereigns und Halfsovereigns der Jahre 2000, 2001, 2003, 2004 und 2006-2011 zeigen dabei das klassische Motiv von Benedetto Pistrucci und rückseitig das erwähnte vierte Porträt der englischen Königin Elisabeth II.. Allerdings wurde ab 2009 bei der Prägung der Fullsovereigns auf das ursprüngliche Bild des Heiligen Georgs aus dem Jahre 1821 zurückgegriffen, auf dem am Helm des Reiters kein wehendes Band zu sehen ist. (Abb. 95)

3.11 Die bekannteste Goldmünze der Welt

Der englische Sovereign gehörte über Jahrzehnte hinweg zum alltäglichen Leben vieler Menschen auf fünf Kontinenten. Er war Zahlungsmittel, Aushängeschild für das Britische Empire, verschaffte Sicherheit und Wohlstand und wurde schließlich Sammelobjekt und Anlageobjekt für Münzfreunde und Investoren. Seit fast 200 Jahren wird diese Goldmünze mit wenigen Unterbrechungen nun schon geprägt. Neun englische Monarchen sind auf ihr verewigt, sie hat die Auflösung des Goldstandards ebenso überlebt wie zwei Weltkriege und eine Währungsreform und ist immer noch populär und beliebt. Im 19. Jahrhundert wurden knapp 470 Millionen Ein-Sovereign-Münzen (inklusive „Australien-Typ) geprägt, von denen allerdings viele, wie erwähnt, wieder eingeschmolzen wurden. Im 20. und 21. Jahrhundert verließen fast 620 Millionen Sovereigns mit dem Georgs-Motiv die verschiedenen Prägestätten der Welt. Man kann sicher zu Recht behaupten, dass der Goldsovereign mit dem prägnanten Motiv des heiligen Georg im Kampf mit dem Drachen die bekannteste und verbreitetste Goldmünze der Welt ist.

3.12 Tabellarische Übersicht

1. In den angegebenen Jahren wurden <u>Halfsovereigns</u> in der jeweiligen Münzstätte geprägt:

Münzstätte	Münzzeichen	Prägejahre
London	-	1817, 1818, 1820, 1821, 1823-1828, 1831, 1834-1839, 1841-1867, 1869-1880, 1883-1887, 1890-1915, 1937, 1953, 1980, 1982-heute
Sydney	S	1871, 1872, 1874-1876, 1878-1883, 1886, 1887, 1889, 1891-1893, 1897-1900, 1902, 1903, 1906-1908, 1910-1912, 1914-1916
Melbourne	M	1873, 1877, 1881, 1882, 1884-1901, 1903, 1905-1909, 1915
Perth	P	1899-1901, 1904, 1908, 1909, 1911, 1915, 1918,
Bombay	I	keine Prägungen
Ottawa	C	keine Prägungen
Pretoria	SA	1923, 1925, 1926,

2. In den angegebenen Jahren wurden <u>Sovereigns</u> in der jeweiligen Münzstätte geprägt:

Münzstätte	Münzzeichen	Prägejahre
London	-	1817-1833, 1835-1839, 1841-1866, 1868-1876, 1878-1880, 1882, 1884-1917, 1925, 1937, 1953, 1957-1959, 1962-1968, 1974, 1976, 1978-heute
Sydney	S	1871-1926
Melbourne	M	1872-1931
Perth	P	1899-1931
Bombay	I	1918
Ottawa	C	1908-1919
Pretoria	SA	1923-1932

KAPITEL 4
Die Lateinische Münzunion – Eine Übersicht der verschiedenen Goldmünzprägungen nach den Normen der LMU

Die Idee einer einheitlichen Währung für ganz Europa, wie sie mit dem Euro verwirklicht wurde, ist gar nicht so neu. Bereits vor über 140 Jahren konnte man mit einer französischen Münze in Athen seinen Ouzo bezahlen, wie es auch heute wieder möglich ist.

Schon damals gab es eine Währungsunion, der formell zwar nur fünf Länder angehörten, deren Münznormen (Gewicht, Durchmesser, Feingehalt, Nominalwert) jedoch die meisten anderen Länder Europas adaptierten, so dass die einzelnen Münzen fast europaweit akzeptiert wurden.

Gegründet wurde diese Münzunion am 23.12.1865 in Paris zwischen den Ländern Frankreich, Belgien, Italien und der Schweiz und die offizielle Bezeichnung des Münzbundes war ursprünglich „Convention Monétaire" (Münzvereinbarung). Da aber die Sprachen aller Gründungsstaaten auf dem lateinischen Sprachstamm beruhen, bürgerte sich die Benennung „Lateinische Münzunion" (LMU; frz.: Union Latine) ein.

Die Wurzeln dieses Münzbundes liegen allerdings ein ganzes Stück weiter in der Vergangenheit.

4.1 Historische Entwicklung hin zur Münzunion

„Die Jahre der französischen Revolution 1789–1795 stellen eine Zeitperiode dar, welche Ursache für gewaltige Veränderungen in ganz Europa war. Napoleons Aufstieg, die Entstehung der Großmacht Frankreich und die anschließende Neuordnung der alten Welt nach dem Wiener Kongress 1815, sind auch für die Entstehung der LMU mitverantwortlich", erklärt der Historiker Dr. Ruedi Kunzmann.

In Frankreich wurde nach der Revolution 1795 der „Franken" zur Währungseinheit erklärt. Hierbei bestand 1 Franken (Franc) aus 5 Gramm Silber und 10 Franken (Francs) aus 3,2258 Gramm Gold. (Ein festes Verhältnis von 1:15,5 zwischen Gold und Silber).

Durch die Eroberungszüge Napoleons verbreitete sich diese Währung nach und nach in mehreren Ländern Europas.

So prägte die von Napoleon ausgerufene „Cisalpine Republik" in Norditalien bereits 1801 die erste Goldmünze zu 20 Francs, mit einem Gewicht von 6,4516 Gramm. (Abb. 96) Diese Münze, mit der Umschrift „L'Italie délivrée à Marengo" (Das bei Marengo befreite Italien) ist so populär geworden, dass später in Italien alle mit dieser Abmessung geprägten Goldstücke „Marenghi" (Plural von Marengo) genannt wurden.[24]

Es folgte 1807 das Königreich Italien unter Napoleons Herrschaft mit einer Goldmünze zu 40 Lire (Abb. 97), 1808 das französisch besetzte Westfalen mit 20 Franken (Abb. 98), 1810 das Königreich Neapel unter französischer Herrschaft mit einem 40 Franchi-Stück, von dem aber nur 18 Exemplare geprägt wurden, und ab 1813 mit einer regulären Prägung von 20 und 40 Lire (Abb. 99), 1815 das Herzogtum Parma unter der Regentschaft von Napoleons zweiter Ehefrau Marie-Louise mit 20 und 40 Lire (Abb. 100) und 1816 schließlich das Königreich Sardinien mit 20 Lire (Abb. 101).

Nach dem Fall Napoleons I. blieben die erwähnten Länder, wie auch die nachfolgenden französischen Könige, bei der eingeführten Währung. In Italien übernahmen die Savoyer als Könige von Sardinien, Piemont und Savoyen (und später als Könige von Italien) dieses Münzsystem; 1833 entschied sich das junge Königreich Belgien ebenfalls für die Geldeinheit Franc.

In der Schweiz kursierten Mitte des 19. Jahrhunderts unüberschaubar viele Münzen, da sich die einzelnen Kantone noch auf keine einheitliche Währung geeinigt hatten. Bereits im Vorfeld der Entstehung des schweizerischen Bundesstaates (1848) wurde heftig diskutiert, welches Münzsystem des benachbarten Auslandes übernommen werden sollte. Die östlichen Kantone neigten eher zum süddeutschen Währungssystem, während Bern und die nordwestlichen Gebiete den französischen Franken bevorzugten. Schlussendlich siegte diese Ansicht und 1850 wurde der Schweizerfranken eingeführt.[25]

---

[24] Siehe: Schön, Weltmünzenkatalog 19. Jahrhundert, Augsburg 1990, S. 706
[25] Kunzmann, Ruedi: Die Lateinische Münzunion

Ein großer Teil des europäischen Festlandes besaß somit dieselbe Währung, wenn auch mit unterschiedlichen Währungsnamen.

Goldmünzen gab es in den Nominalen 5, 10, 20, 25, 40, 50, 80 und 100 und Silbermünzen zu 0,2; 0,5; 1; 2 und 5 Währungseinheiten.

Metall	Nominalwert	Gewicht in g	Durchmesser in mm	Feingehalt in Promille
GOLD	100	32,2580	35	900/1000
	80	25,8064	33	
	50	16,1290	28	
	40	12,9032	26	
	25	8,0645	24	
	20	6,4516	21	
	10	3,2258	19	
	5	1,6129	17	
Silber	5	25	37	900/1000
	2	10	27	835/1000
	1	5	23	
	0,50	2,5	18	
	0,20	1	16	

Alle Münztypen der Lateinischen Münzunion

4.2 Die Gründung der Lateinischen Münzunion

Es war demnach nur folgerichtig, dass sich die oben genannten Staaten Frankreich, Italien, Belgien und die Schweiz im Jahre 1865 zu einer Münzunion zusammenschlossen.

Die Umlauffähigkeit der Gold- und Silbermünzen wurde vertraglich geregelt, die Umtauschmöglichkeit der im Vertrag festgelegten Münzen von jeder Regierung garantiert. (Darunter zählten fortan offiziell nicht mehr die Goldmünzen zu 25, 40 und 80 Währungseinheiten).

Die Erleichterung des Zahlungsverkehrs, ein gemeinsamer Münzumlauf, sowie die Beseitigung von Wechselkursschwankungen waren zunächst die Ziele der Union.

Im Jahr der Gründung der Münzunion waren in den Ländern Belgien, Frankreich und Italien bereits Goldmünzen zu 20 Francs bzw. 20 Lire regulär im Umlauf. (Abb. 102-104)

Andere Länder beobachteten die Entwicklung der LMU und führten teilweise Beitrittsgespräche. Österreich hatte an den vorbereitenden Gesprächen zu dem Münzbund teilgenommen, sich aber lediglich zur Ausprägung von Goldmünzen im Wert von 20 bzw. 10 Franken entschlossen. (Abb. 110a) Nur Griechenland schloss sich noch offiziell dem Münzbund im Jahre 1868 an und prägte ab 1876 eigene Goldmünzen nach den Normen der LMU. (Abb. 105)

Das folgende Schaubild zeigt die offiziellen Teilnehmerstaaten der Lateinischen Münzunion im Jahre 1868. (Abb. 106)

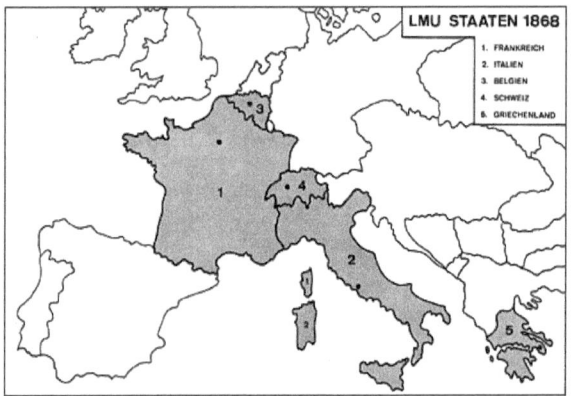

(Abb. 106; aus: Niederer, Albert: Katalog LMU, Hilterfingen, 1976)

Die Idee einer einheitlichen Währung war erfolgreich und deshalb entschlossen sich immer mehr europäische Länder ihre Goldmünzen nach den Normen der LMU zu prägen.

Ohne Mitglied der Union zu sein, emittierte der **Vatikan** (Kirchenstaat) zwischen 1866 und 1870 Goldmünzen zu 5, 10, 20, 50 und 100 Lire (Abb. 107), **Rumänien** ab 1868 Goldmünzen zu 20, 25, 50 und 100 Lei (Abb. 108), **Schweden** von 1868 bis 1872 eine Goldmünze zu 10 Francs (Abb. 109), **Österreich** und **Ungarn** ab 1870 (Abb. 110 a+b) Goldmünzen zu 10 und 20 Franken/Kronen, **Spanien** ab 1871 10, 20, 25 und 100 Pesetas (Abb. 111), **Finnland** ab 1878 10 und 20 Markkaa (Abb. 112), **Monaco** von 1878-1904 20 und 100 Francs (Abb. 113), **Serbien** ab 1879 10 und 20 Dinara (Abb. 114) und **Bulgarien** ab 1894 (Abb. 115) Goldmünzen zu 20 und 100 Lewa nach Vorgabe der LMU. (Siehe ausführliche Tabelle am Ende dieses Kapitels.)

Die **Schweiz** hatte zwar den Vertrag zur Teilnahme am Münzbund unterschrieben, wollte aber aus Kostengründen keine eigenen Goldmünzen ausprägen. Diese Politik stieß zunehmend auf Unmut bei den Regierungen der übrigen vier teilnehmenden Länder. Auf Druck dieser Länder musste die Schweiz ab 1883 eigene Goldmünzen zu 10 und 20 Franken ausgeben. (Abb. 116)

Russland übernahm zwar 1886 die Normen der LMU für seine Goldmünzen, wich aber als einziges europäisches Land von den herkömmlichen Nominalen 5, 10, 20, 40, 50 oder 100 Währungseinheiten ab:

Anstelle von 20, 40 und 100 Rubel gab Russland den Münzen von 1886 bis 1897 die Nennwerte 5, 10 und 25 Rubel bzw. 7 ½ , 15 und 37 ½ Rubel von 1897 bis 1908. (Abb. 117)

Auch außerhalb Europas übernahmen einzelne Länder die Normen der LMU für ihre Goldmünzen:

Tunesien unter französischem Protektorat prägte ab 1891 ebenfalls 10- und 20-Francs-Stücke nach den Normen der Lateinischen Münzunion. (Abb. 118)

In **Dänisch-Westindien** wurden 1904 und 1905 Goldmünzen zu 20- und 50-Francs emittiert (Abb. 119) und besonders in Mittel- und Südamerika gab es Versuche, Goldmünzen nach LMU-Norm einzuführen.

Neben verschiedenen Probe-Prägungen in Costa-Rica, Guatemala, Honduras und Peru sind besonders die Münzen von **Venezuela** mit dem Nominal „20 Bolivares" (1879-1912) zu erwähnen, die größtenteils in Brüssel und Paris geprägt wurden (Abb. 120), sowie der „Argentino" aus **Argentinien** (1881-1896), der dem Wert von 25 Francs entsprach (Abb. 121) und die 2- und 5-Pesos-Goldmünzen aus **Kolumbien**, die zwischen 1849 und 1885 das Pendant zu 10 und 25 Francs waren. (Abb. 122)

Neben den hier vorgestellten Münzen, gibt es noch einige Prägungen, die zwar den Maßen der Währungsunion entsprechen, aber keine Wertangabe aufweisen. Diese Prägungen sind kein offizielles Zahlungsmittel der jeweiligen Länder, sondern Medaillen. **Rumänien** emittierte eine solche Medaille mit dem Gewicht von 6,4516g unter Michael I. auf die Wiedereingliederung Siebenbürgens 1944 mit dem Bildnis von drei rumänischen Königen („3 Könige; Abb. 123); und besonders **Luxemburg**, das neben den 20-Francs-Medaillen von 1953, 1963 und 1964 (Abb. 124-126) noch zahlreiche Medaillen im Wert von 40 Francs bis 1978 emittierte. (Siehe Tabelle am Ende des Kapitels)

4.3 Hintergründe zur Münzunion

„Natürlich ging es bei der Lateinischen Münzunion auch um Machtpolitik. Frankreich wollte die Währungsgemeinschaft als Instrument für die von Napoleon III. beanspruchte Führungsrolle in Europa nutzen. Für französische Regierungskreise war die LMU weniger eine ökonomische

Organisation als der Versuch, über ein monetäres Bündnis politischen Einfluss zu gewinnen. Schon der Name Lateinische Münzunion sollte eine Nähe zum „Imperium Romanum" suggerieren. Frankreich suchte Expansion: Fast alle Aufnahmegesuche wurden von Frankreichs Diplomatie angeregt. Die französischen Botschafter wurden angewiesen, in ihren Gastländern für die LMU zu werben. Sogar an das verfeindete Preußen gab es eindeutige Angebote, die jedoch abgelehnt wurden."[26]

Insgesamt prägten bis zum Beginn des Ersten Weltkriegs 16 verschiedene europäische Länder Münzen, die untereinander konvertierbar waren.

Hinzu kamen fünf außereuropäische Länder, die eine reguläre Prägung aufwiesen.

Diese Anzahl an Ländern gleicher Währung haben wir erst seit wenigen Jahren wieder mit dem Euro übertroffen, der in 20 Ländern (zzgl. Andorra, Kosovo und Montenegro) kursiert.

Die übrigen Staaten Europas waren entweder in die Skandinavische Münzunion (Dänemark, Schweden und Norwegen seit 1873; siehe Kapitel 5) eingebunden oder blieben bei ihren eigenen Währungssystemen, wie Großbritannien, das Deutsche Reich und Portugal.

4.4 Ein schleichendes Ende

„Die Stabilität der Doppelwährung, die auf einem festen Verhältnis von Gold und Silber beruhte, wurde durch die erheblichen Schwankungen auf dem freien Markt in Mitleidenschaft gezogen. Reiche Goldfunde in Übersee und der Übergang Deutschlands und anschließend anderer Länder zur Goldwährung löste seit etwa 1873 einen dramatischen Preisverfall des Silbers auf dem Weltmarkt auS. Die damit verbundenen Probleme konnte die Münzunion nie ganz aus dem Weg schaffen, auch wenn zunächst die Prägung des silbernen 5-Franken-Stückes eingeschränkt und 1878 sogar eingestellt wurde. Damit herrschte praktisch eine hinkende Goldwährung. Inflationäre Strömungen zu Beginn des 20. Jahrhunderts sowie der Erste Weltkrieg, während dessen die Bestimmungen des Münzbundes zeitweise außer Kraft gesetzt waren, verursachten schließlich den allmählichen Verfall der Münzunion. Durch die ungünstigen äußeren Umstände konnten die Ziele der Lateinischen Münzunion längerfristig nie erreicht werden. Offiziell wurde der erste Versuch der Vereinheitlichung des europäischen Münzsystems am 1. Januar 1927 mit dem Austritt Belgiens aus der Union beendet."[27]

---

[26] Silvana Koch-Mehrin in „Die Zeit" 13/2003
[27] Vgl. www.anumis.de

Trotz dieser schleichenden Auflösung der Münzunion kamen nach dem Ersten Weltkrieg noch weitere Staaten hinzu, die Münzen nach den Normen der LMU prägten. Hier seien **San Marino** (Abb. 127), **Polen** (Abb. 128) und **Jugoslawien** (Abb. 129) genannt, die 1925 Goldmünzen zu 10 bzw. 20 Lire, Zlotych und Dinara emittierten. **Albanien** prägte ab 1926 (Abb. 130-132) und **Liechtenstein** ab 1930 (Abb. 133-134) ebenfalls seine Münzen nach Maßgabe der LMU.

Nachdem die Münzunion jedoch offiziell beendet war, ebbten auch recht schnell die Goldprägungen ab. Viele Länder hatten ihre Goldmünzausgaben im Rahmen der LMU schon vor dem Ersten Weltkrieg eingestellt (siehe Tabelle) und nach 1927 gab es nur noch eine überschaubare Anzahl an Goldprägungen:

Albanien prägte bis 1938 (Abb. 135), die Schweiz bis 1949 (Abb. 136), Liechtenstein bis 1952 (Abb. 137) und Griechenland ließ die letzten Goldmünzen in LMU-Maßen 1971 zum Gedenken an die Nationale Revolution von 1967 vom Prägestock springen. (Abb. 138)

Somit war Europa über einen Zeitraum von fast 170 Jahren mit einem Währungssystem mehr oder weniger „vereint".

4.5 Tabellarische Übersicht der Goldprägungen nach den Normen der Lateinischen Münzunion

Ausgabeland	Nominal	Prägejahr	Motiv
Albanien	10 Franken	1927	Amet Zogu
	20 Franken	1927	Amet Zogu
	20 Franken	1926-1927	Fürst Skanderbeg
	100 Franken	1926-1927	Pferdewagen
	20 Franken	1937	Zogu I. 25 J. Unabhängigkeit
	100 Franken	1937	Zogu I. 25 J. Unabhängigkeit
	20 Franken	1938	Zogu I. Hochzeit
	100 Franken	1938	Zogu I. Hochzeit
	20 Franken	1938	10. Regierungsjubiläum
	50 Franken	1938	10. Regierungsjubiläum
	100 Franken	1938	10. Regierungsjubiläum
Argentinien	1 Argentino (25 Fr.)	1881~1896	Freiheitskopf / Wappen
	½ Argentino	1884	Freiheitskopf / Wappen
Belgien	20 Francs	1834-1841	Leopold I. / Eichenlaubkranz
	40 Francs	1834-1841	Leopold I. / Eichenlaubkranz
	10 Francs	1849/1850	Leopold I. / Wappen
	25 Francs	1848-1850	Leopold I. / Wappen

	20 Francs	1862-1865	Leopold I. / grober Laubkranz
	10 Francs	1867/1870	Leopold II. / Wappen
	20 Francs	1867-1882	Leopold II. / Wappen (Abb. 139)
	10 Francs	1911/1912	Albert I. (franz. o. flämisch)
	20 Francs	1914	Albert I. (franz. o. flämisch)
	100 Francs	1911/1912	Albert I. (franz . o. flämisch)
Bulgarien	10 Lewa	1894	Ferdinand I.
	20 Lewa	1894	Ferdinand I.
	100 Lewa	1894	Ferdinand I.
	20 Lewa	1912	Unabhängigkeit
	100 Lewa	1912	Unabhängigkeit
Dänisch-Westindien	20 Francs	1904/1905	Christian IX.
	50 Francs	1904	Christian IX.
Finnland	10 Markaa	1878-1879	Alexander II.
	20 Markaa	1878-1880	Alexander II.
	10 Markaa	1881-1882	Alexander III.
	20 Markaa	1891	Alexander III.
	10 Markaa	1904~1913	Nikolaus II.
	20 Markaa	1903~1913	Nikolaus II.
Frankreich	20 Francs	1802-1804	Bonaparte, Premier Consul
	40 Francs	1802-1804	Bonaparte, Premier Consul
	20 Francs	1803-1806	Napoleon Empereur
	40 Francs	1804-1806	Napoleon Empereur
	20 Francs	1806/1807	Napoleon I. unbedeckter Kopf
	40 Francs	1806/1807	Napoleon I. unbedeckter Kopf
	20 Francs	1807/1808	Napoleon I. belorbeerter Kopf
	40 Francs	1807/1808	Napoleon I. belorbeerter Kopf
	20 Francs	1809-1814/15	Napoleon I. Empire Francais
	40 Francs	1809-1814/15	Napoleon I. Empire Francais
	20 Francs	1814/1815	Ludwig XVIII. „Piece de Francs"
	20 Francs	1816-1824	Ludwig XVIII.
	40 Francs	1816-1824	Ludwig XVIII.
	20 Francs	1825-1830	Karl X.
	40 Francs	1824-1830	Karl X.
	20 Francs	1830-1831	Louis Philipp I. unbedeckter Kopf
	20 Francs	1832-1848	Louis Philipp I. belorbeerter Kopf
	40 Francs	1831-1839	Louis Philipp I. belorbeerter Kopf
	20 Francs	1848-1849	Republik/Engel
	10 Francs	1850/1851	Republik/Cereskopf
	20 Francs	1849-1851	Republik/Cereskopf
	20 Francs	1852	Louis Napoleon Bonaparte
	5 Francs	1854-1855	Napoleon III. (Kleine Ausgabe)

	5 Francs	1855-1860	Napoleon III.
	10 Francs	1854-1855	Napoleon III. (Kleine Ausgabe)
	10 Francs	1855-1860	Napoleon III.
	20 Francs	1853-1860	Napoleon III.
	50 Francs	1855-1860	Napoleon III.
	100 Francs	1855-1860	Napoleon III.
	5 Francs	1862-1869	Napoleon III. (zweites Bild)
	10 Francs	1861-1869	Napoleon III. (zweites Bild)
	20 Francs	1861-1870	Napoleon III. (zweites Bild)
	50 Francs	1862-1869	Napoleon III. (zweites Bild)
	100 Francs	1862-1870	Napoleon III. (zweites Bild)
	5 Francs	1878/1889	Republik/Cereskopf
	10 Francs	1878~1899	Republik/Cereskopf
	20 Francs	1871-1898	Republik/Engel (Abb. 140)
	50 Francs	1878-1904	Republik/Engel
	100 Francs	1878-1914	Republik/Engel
	10 Francs	1899-1914	Republik/Hahn
	20 Francs	1899-1914	Republik/Hahn (Abb. 141)
Griechenland	5 Drachmen	1876	Georg I.
	10 Drachmen	1876	Georg I.
	20 Drachmen	1876	Georg I.
	50 Drachmen	1876	Georg I.
	100 Drachmen	1876	Georg I.
	20 Drachmen	1884	Georg I.
	20 Drachmen	1935	Georg II.
	100 Drachmen	1935	Georg II.
	20 Drachmen	1967 (1971)	Revolution
	100 Drachmen	1967 (1971)	Revolution
Italien	20 Francs	1801/1802	Cisalpine Republik / Göttin
	20 Lire	1808-1814	Napoleon
	40 Lire	1807-1814	Napoleon
	40 Franchi	1810	Neapel/Sizilien (Murat)
	20 Lire	1813	Neapel/Sizilien (Murat)
	40 Lire	1813	Neapel/Sizilien (Murat)
	20 Lire	1815/1832	Parma / Maria Luigia
	40 Lire	1815/1821	Parma / Maria Luigia
	20 Lire	1816-1821	Sardinien / Victor Emanuel I.
	80 Lire	1821	Sardinien / Victor Emanuel I.
	20 Lire	1821-1831	Sardinien / Carlo Felice
	40 Lire	1822~1831	Sardinien / Carlo Felice
	80 Lire	1823-1831	Sardinien / Carlo Felice
	10 Lire	1833~1847	Sardinien / Carlo Alberto
	20 Lire	1831-1849	Sardinien / Carlo Alberto
	50 Lire	1832~1843	Sardinien / Carlo Alberto
	100 Lire	1832-1845	Sardinien / Carlo Alberto

	10 Lire	1850~1860	Sardinien / V. Emanuel II.
	20 Lire	1850-1861	Sardinien / V.Emanuel II.
	10 Lire	1860	Emilia / V. Emanuel II.
	20 Lire	1860	Emilia / V. Emanuel II.
	20 Lire	1848	Lombardei
	40 Lire	1848	Lombardei
	20 Lire	1848	Venedig / Löwe
	5 Lire	1863/1865	Victor Emanuel II.
	10 Lire	1861~1865	Victor Emanuel II.
	20 Lire	1861-1878	Victor Emanuel II.
	50 Lire	1864	Victor Emanuel II.
	100 Lire	1864~1878	Victor Emanuel II.
	20 Lire	1879-1897	Umbert I. (Abb. 142)
	50 Lire	1884~1891	Umbert I.
	100 Lire	1880~1891	Umbert I.
	20 Lire	1902~1905	Victor Emanuel III.
	100 Lire	1903/1905	Victor Emanuel III.
	10 Lire	1912	Victor Emanuel III.
	20 Lire	1912	Victor Emanuel III.
	50 Lire	1912	Victor Emanuel III.
	100 Lire	1912	Victor Emanuel III.
	50 Lire	1911	50 Jahre Königreich
	20 Lire	1923	Marsch auf Rom (Abb. 143)
	100 Lire	1923	Marsch auf Rom
	100 Lire	1925	25. Regierungsjubiläum
Jugoslawien	20 Dinara	1925	Alexander I.
Kolumbien	1 Peso (= 5 Fr.)	1862~1878	Freiheitskopf / Wappen bzw. Jahr
	2 Pesos (= 10 Fr.)	1849~1885	Freiheitskopf / Wappen bzw. Jahr
	5 Pesos (= 25 Fr.)	1849~1885	Freiheitskopf / Wappen bzw. Jahr
	10 Pesos (= 50 Fr.)	1853~1876	Freiheitskopf / Wappen bzw. Jahr
	16 Pesos (= 80 Fr.)	1848-1853	Freiheitskopf / Wappen bzw. Jahr
	20 Pesos (= 100 Fr.)	1859~1878	Freiheitskopf / Wappen bzw. Jahr
Liechtenstein	10 Franken	1930	Franz I.
	20 Franken	1930	Franz I.
	10 Franken	1946	Franz-Josef II.
	20 Franken	1946	Franz-Josef II.
	100 Franken	1952	Franz-Josef II. + Gina
Luxemburg	20 Francs (Medaille)	1953	Hochzeit Charlotte und Juan
	20 Francs (Medaille)	1963	1000 Jahre Stadt Luxemburg
	40 Francs (Medaille)	1963	1000 Jahre Stadt Luxemburg
	20 Francs (Medaille)	1964	Großherzog Juan I.
	40 Francs (Medaille)	1964	Großherzog Juan I.
	40 Francs (Medaille)	1964	Großherzogin Charlotte

	40 Francs (Medaille)	1964	Prinz Felix
	40 Francs (Medaille)	1966	300 Jahre Schutzpatronin
	40 Francs (Medaille)	1967	100 Jahre Londoner Vertrag
	40 Francs (Medaille)	1973	Prinz Heinrich
	40 Francs (Medaille)	1976	80. Geburtstag von Charlotte
	40 Francs (Medaille)	1978	Zur Silberhochzeit
Monaco	20 Francs	1878/1879	Karl III.
	100 Francs	1882~1886	Karl III.
	100 Francs	1891~1904	Albert I.
Österreich	10 Franken	1870-1892	Franz-Josef I.
	20 Franken	1870~1892	Franz-Josef I.
Polen	10 Zlotych	1925	Bolewska I.
	20 Zlotych	1925	Bolewska I.
Rumänien	20 Lei	1868/1870	Karl I. / Lorbeer- u. Eichenkranz
	20 Lei	1883/1890	Karl I. / Wappen (Abb. 144)
	12 ½ Lei	1906	Karl I. 40. Regierungsjubiläum
	20 Lei	1906	Karl I. 40. Jubiläum (Abb. 145)
	25 Lei	1906	Karl I. 40. Regierungsjubiläum
	50 Lei	1906	Karl I. 40. Regierungsjubiläum
	100 Lei	1906	Karl I. 40. Regierungsjubiläum
	20 Lei	1922	Ferdinand I.
	25 Lei	1922	Ferdinand I.
	50 Lei	1922	Ferdinand I.
	100 Lei	1922	Ferdinand I.
	20 Lei	1939	Karl II.
	100 Lei	1939	Karl II.
	20 Lei	1939	Karl II. (Großer Adler)
	100 Lei	1939	Karl II. (Großer Adler)
	20 Lei	1940	Karl II. 10. Regierungsjubiläum
	100 Lei	1940	Karl II. 10. Regierungsjubiläum
	20 Lei (Medaille)	1944	Drei Könige (Eingl. Siebenbürgens)
Russland	5 Rubel (= 20 Fr.)	1886-1894	Alexander III.
	10 Rubel (= 40 Fr.)	1886-1894	Alexander III.
	½ Imperial (= 20)	1895	Nikolaus II.
	7,5 Rubel (= 20)	1897	Nikolaus II.
	15 Rubel (= 40)	1897	Nikolaus II.
	25 Rubel (= 100)	1896/1908	Nikolaus II.
	37,5 Rubel (= 100)	1902	Nikolaus II.
San Marino	10 Lire	1925	Republik
	20 Lire	1925	Republik

Schweden	10 Francs	1868-1872	Karl XV.
Schweiz	20 Franken	1883-1896	Konföderation
	20 Franken	1897-1949	Helvetia („Vreneli")
	10 Franken	1911-1922	Helvetia (Edelweiß)
	100 Franken	1925	Helvetia (Edelweiß)
Serbien	20 Dinara	1879	Milan IV.
	10 Dinara	1882	Milan I.
	20 Dinara	1882	Milan I.
	20 Dinara (Probe)	1917	Peter I.
Spanien	25 Peseten	1871	Amadeus I.
	100 Peseten	1871	Amadeus I.
	10 Peseten	1878/1879	Alfons XII.
	25 Peseten	1876-1885	Alfons XII.
	20 Peseten	1889/1890	Alfons XIII. (Baby)
	20 Peseten	1892	Alfons XIII. (Kind)
	100 Peseten	1897	Alfons XIII. (Jüngling)
	20 Peseten	1899	Alfons XIII. (Jüngling)
	20 Peseten	1904	Alfons XIII. (Junger Mann)
Tunesien	10 Francs	1891-1902	Ali
	20 Francs	1891-1902	Ali
	10 Francs	1903-1906	Muhammad al-Hadi
	20 Francs	1903-1906	Muhammad al-Hadi
	10 Francs	1907-1921	Muhammad al-Nasir
	20 Francs	1907-1921	Muhammad al-Nasir
	10 Francs	1922-1928	Muhammad al-Habib
	20 Francs	1922-1928	Muhammad al-Habib
Ungarn	10 Kronen	1870-1892	Franz-Josef II.
	20 Kronen	1870-1892	Franz-Josef II.
Vatikan	5 Lire	1866/1867	Pius IX.
	10 Lire	1866-1869	Pius IX.
	20 Lire	1866-1870	Pius IX.
	50 Lire	1868-1870	Pius IX.
	100 Lire	1866-1869	Pius IX.
Venezuela	10 Bolivares	1930	Kopf von Simon Bolivar / Wappen
	20 Bolivares	1879-1912	Kopf von Simon Bolivar / Wappen
Westphalen	5 Franken	1813	Hieronymus Napoleon
	20 Franken	1808-1813	Hieronymus Napoleon
	40 Franken	1813	Hieronymus Napoleon
	40 Franken	1813	Hieronymus N. (Wert im Kranz)

Münzen mit einer Auflage von unter 100 Exemplaren und die vier Goldprägungen der Schweiz aus den Jahren 1871 und 1873, welche die Swissmint als Probe-Essais tituliert[28], wurden nicht in die Liste aufgenommen.

Zu erwähnen sei noch, dass sich die Länder Österreich und Ungarn 1892 von den Normen der LMU verabschiedeten und fortan ihre 10 und 20 Kronen Goldmünzen mit einem Gewicht von 3,3875 Gramm bzw. 6,7750 Gramm prägten. Nach diesem Gewicht prägte auch Liechtenstein von 1898 bis 1900 10 und 20 Kronen, sowie Montenegro seine 10 und 20 Perpera Goldmünzen im Jahre 1910.

---

[28] Vgl. www.swissmint.ch/d/numismatik/praegetabelle.shtml

KAPITEL 5
Die Skandinavische Münzunion – ein Münzbund, der unter erheblichem Druck entstand

5.1 Die europäische Münzsituation in den 70er Jahren des 19. Jahrhunderts

Europa im Jahre 1872: In Großbritannien kursiert seit langem erfolgreich der Goldsovereign (siehe Kapitel 3), Deutschland hat seit 1871 endlich die einheitliche Goldmark und die meisten anderen süd- und osteuropäischen Staaten prägen seit 1865 Gold- und Silbermünzen nach den Normen der Lateinischen Münzunion (siehe Kapitel 4).

In diesem Umfeld sahen sich die skandinavischen Länder Dänemark, Schweden und Norwegen gezwungen, baldmöglichst etwas an ihrer Währungspolitik zu ändern, da ihre wichtigsten Handelspartner – besonders Großbritannien und Deutschland – nun einen sogenannten Goldstandard hatten und Skandinavien ohne einheitliche, sichere Währung ins wirtschaftliche Abseits geraten würde.

In einem Goldstandard legt jedes Land den Wert seiner Währung zum Gold fest. Der Wert des Geldes ist demnach direkt an den Wert des Goldes gebunden und sowohl Münzen als auch Papiergeld können vollständig bei den Notenbanken in Gold getauscht werden.

Durch den Goldstandard waren internationale Kapitaltransaktionen möglich, da der Wert des Goldes weltweit gleich war, so wie dies auch heute noch der Fall ist.

5.2 Historische Entwicklung des Goldstandards

„Der Goldstandard als Basis für internationale Währungsangelegenheiten entstand erst nach 1870. Zur Entwicklung des Goldstandards hatten eine Reihe von Faktoren beigetragen. Im Zentrum dieser Entwicklung stand

Großbritannien, wobei die Übernahme des Goldstandards in Großbritannien durch einen monetären Zufall beeinflusst wurde: Im Jahr 1717 legte Isaac Newton als Münzmeister einen zu niedrigen Goldpreis für Silber fest. (Vgl. Kapitel 2) Silber war demnach verhältnismäßig teurer und wertvoller als Gold. Dies hatte zur Folge, dass Silber aus dem Markt verschwand und Gold den Geldumlauf dominierte. Dieses Phänomen wird als „Greshamsches Gesetz" bezeichnet: Bei einer Doppelwährung wird das "gute" Geld (das teurere/wertvollere) von dem "schlechten" Geld aus dem Markt verdrängt. Die Wirtschaftsakteure sind bestrebt, für ihre Zahlungen nur diejenige Währung zu nutzen, die ihren Wert erwartungsgemäß schneller verlieren wird, während die wertstabile Währung gehortet wird. Folglich nutzten die Akteure in Großbritannien nach 1717 für ihre Transaktionen hauptsächlich Gold, beschreibt der Historiker Stormy Mildner die Ursprünge des Goldstandards.

Da Goldmünzen nach und nach nun die primären Zahlungsmittel in Großbritannien waren, wurde der Goldstandard schließlich 1819 im sogenannten „Peel's Act" de jure festgelegt.

Frankreich bekam nach der Einigung Italiens zu einem Königreich und einer zeitgleichen italienischen Währungsreform 1862 einige Probleme mit dem Geldumlauf, da Italien seine neuen Silbermünzen mit einem niedrigern Feingehalt (836/1000) prägte als Frankreich (900/1000).

Folglich nutzten die Franzosen fortan italienische Münzen für den Zahlungsverkehr und horteten die französischen Münzen, da sie vom Metallpreis her mehr wert waren.

Mit der Gründung der Lateinischen Münzunion 1865 wurde dieses Problem allerdings beseitigt und ein festes Tauschverhältnis zwischen Gold- und Silbermünzen eingeführt. (Vgl. Kapitel 4)

Deutschland übernahm den Goldstandard im Jahre 1871 (bzw. offiziell 1873). Es war zwingend notwendig nach der Einigung der vielen Kleinstaaten zum Deutschen Reich eine gemeinsame Währung einzuführen. Diese Notwendigkeit wurde mit der Reichsmark 1871 Realität. Da sich aber die Handelsbeziehungen von Osteuropa nach England verschoben hatten, war der Silberstandard, der in den Ländern Osteuropas dominierte aus deutscher Sicht nicht mehr vorteilhaft. Die meisten Geschäfte mit dem europäischen Ausland wurden ohnehin bereits über London finanziert.

5.3 Gründung der Skandinavischen Münzunion

Diese Entwicklung der Währungssysteme in den oben genannten europäischen Ländern zwang die skandinavischen Länder zum Handeln.

Schon seit 1862 waren die drei Länder Schweden, Norwegen und Dänemark in Verhandlungen über institutionelle Integrationsmaßnahmen im Geldwesen und einer Annäherung an ausländische Währungssysteme. Ferner wollten die Länder das skandinavische Nationalbewusstsein fördern, denn „wohl niemals ist eine Münzunion ausschließlich aus wirtschaftlichen Erwägungen heraus geschaffen worden, immer hat irgendeine Kulturidee im Hintergrund gestanden".[29]

Die bereits erwähnte Lateinische Münzunion und die Pariser Währungskonferenz von 1867, an der alle drei skandinavischen Staaten teilnahmen, intensivierten diese Bestrebungen.

Schweden dauerten die Verhandlungen offensichtlich zu lange und es liebäugelte deshalb mit einem Beitritt zur LMU. Von 1868 bis 1872 prägte Schweden Goldmünzen mit dem Nennwert 1 Carolin bzw. 10 Franken nach den Vorgaben der Lateinischen Münzunion. Von dieser Münze wurden über einen Zeitraum von 5 Jahren aber lediglich knapp 81.000 Exemplare geprägt.

Den Ausschlag zur endgültigen Gründung der Skandinavischen Münzunion (SMU) gab die Einführung des Goldstandards im Deutschen Reich 1871.

Schließlich wurde am 18. Dezember 1872 der Gründungsvertrag für die SMU – auch Nordischer Münzbund genannt – unterzeichnet. Zwar waren sich zu diesem Zeitpunkt alle drei skandinavischen Staaten über die Vertragspunkte einig, jedoch ratifizierte Norwegen den Vertag erst 1877 mit einer Zusatzkonvention, um damit ein Stück Unabhängigkeit von Schweden zu demonstrieren, mit dem es seit 1814 in Personalunion verbunden war.

Trotzdem wurden bereits 1874 in Norwegen Goldmünzen nach den Normen der SMU geprägt, wenngleich auch noch mit einer doppelten Wertangabe sowohl in Kronen als auch in der seit 1816 gültigen Währung „Speciestaler".

Zu diesem Münzbund gehörte zudem auch Island, da sich dieses Land seit 1380 in dänischem Besitz befand. Erst 1918 wurde Island ein unabhängiges Königreich mit dem dänischen König als Staatsoberhaupt und ab 1922 führte es die ersten eigenen Münzen ein.

Der Unionsvertrag begründete die gemeinsame Einführung einer Goldwährung mit Dezimalsystem und die Münzen unterschieden sich lediglich durch die nationalen Prägestempel. Die Schwedische, Dänische und Norwegische Krone (Kroner) wurden fortan 1:1:1 getauscht.

---

[29] A. Nielsen, Weltwirtschaftliches Archiv, Band 26, S. 298

Abbildung 146: Teilnehmerstaaten der Skandinavischen Münzunion
(Iceland/Island, Norway/Norwegen, Sweden/Schweden, Denmark/Dänemark)

Nach der skandinavischen Adaption des Goldstandards übernahmen 1879 Japan und die USA, 1892 Österreich, 1897 Russland und nach 1900 Länder wie Siam (heute „Thailand"), Argentinien, Mexiko und Peru den Goldstandard für ihre Währung.

5.4 Die Goldmünzen der Skandinavischen Münzunion

Im Rahmen der SMU gab es drei verschiedene Goldmünznominale zu 5, 10 und 20 Kronen. Alle Münzen hatten einen Feingehalt von 900/1000stel. Die einzelnen Gewichte der Münzen sind folgender Tabelle zu entnehmen:

	Gewicht in Gramm	Feingehalt
5 Kronen	2,2401	900
10 Kronen	4,4803	900
20 Kronen	8,9606	900

Abb.147: König Oskar II. von Schweden gemalt von Oscar Björck

Abb. 148: König Gustav V. (Fotografie)

Schweden emittierte unter König Oskar II. (1872-1907; Abb. 147) ein 5 Kronen-Stück von 1881 bis 1901 (Abb. 149) und 1920 ebenfalls ein 5-Kronen-Stück (Abb. 150) mit dem Bildnis König Gustavs V. (1907-1950; Abb. 148). Die Wertseite zeigt jeweils die Zahl „5" von Zweigen umgeben.

10 Kronen-Münzen wurden unter Oskar II. 1873-1876 mit der Inschrift „OSKAR II. SVERIGES O. NORGES KONUNG" (Inschrift 1; Abb. 151) und von 1876-1901 mit der Inschrift „OSKAR II. SVERIGES OCH NORGES KONUNG" (Inschrift 2; Abb. 152) geprägt.

König Oskar II. war in Personalunion sowohl König von Schweden, als auch von Norwegen, was in der Inschrift „Oskar II., König von Schweden und Norwegen" zum Ausdruck kommt.

20 Kronen-Stücke gab es von 1873 bis 1876 mit der ersten Inschrift (Abb. 153), 1876 und 1877 mit der ersten Inschrift und einem zusätzlichen Herzschild im Reichswappen (Abb. 154) und von 1877-1902 mit der zweiten Inschrift und dem Reichswappen mit Herzschild auf der Nominalseite. (Abb. 155)

Die Münzen der Jahre 1900-1902 zeigen ein größeres Kopfbild König Oskars als die vorherigen Ausgaben.

Unter König Gustav V. wurde 1925 eine weitere 20 Kronen-Goldmünze mit Wappen und Krone auf der Wertseite geprägt. (Abb. 156)

Abb. 160: König Haakon VII. von Norwegen

Norwegen verausgabte 1874 ein 10-Kronen-Stück – auch 2 ½ - Speciestaler (Abb. 157) genannt – unter König Oskar II., 1877 und 1902 eine weitere 10 Kronen-Goldmünze, allerdings ohne zusätzliche Wertangabe in Speciestaler. (Abb. 158)

1910 erschien in dem seit 1905 von Schweden unabhängigem Königreich eine 10-Kronen-Münze (Abb. 159) unter König Haakon VII. (1905-1957; Abb. 160), die auf der Bildseite den Heiligen Olaf zeigt, der von 1015-1028 König von Norwegen war.

Alle drei 10-Kronen-Stücke kamen auch als 20 Kronen (5 Speciestaler) zur Ausprägung. (Siehe Tabelle am Ende des Kapitels.)

Abb. 161: König Christian IX. von Dänemark, gemalt von Henrik Olrik

Dänemark prägte von 1873 bis 1900 sowohl 10 Kronen als auch 20 Kronen unter dem Regenten Christian IX. (1863-1906; Abb. 161) mit dem Bildnis der sitzenden Dania (Personifizierung Dänemarks) auf der Nominalseite (Abb. 162), von 1908 bis 1912 beide Nominale unter König Friedrich VIII. (1906-1912; Abb. 163) und von 1913 bis 1917 ebenfalls 10- und 20 Kronen während der Regierungszeit von König Christian X. (1912-1947), jeweils mit dem dänischen Wappen auf der Nominalseite und dem Bildnis des Regenten auf der Kehrseite. (Abb. 164).

20 Kronen-Stücke mit den Jahreszahlen 1926, 1927, 1930 und 1931 sind „zwar geprägt worden aber offiziell nicht zur Ausgabe gelangt".[30]

Die Erhaltung eines Großteils der einzelnen Goldmünzen ist für Münzen dieser Zeitepoche überdurchschnittlich gut, was nach Jon P. Holter daran liegt, dass „diese Münzen typischerweise als Wohlstandsobjekt aufbewahrt und selten als Zahlungsmittel eingesetzt wurden"[31].

5.5 Das Ende der SMU

Schon im 1. Weltkrieg (1914-1918) kam es zu gewinnbringenden Ausnutzungen von Wechselkursunterschieden zwischen den Münzen der einzelnen Länder. So entsprachen im Dezember 1915 100 schwedischen Kronen 97 dänische und 98 norwegische Kronen.

Wie aus folgender Tabelle zu ersehen ist, wurde diese Kluft in den Nachkriegsjahren noch weitaus größer.

	Schweden	Dänemark	Norwegen
1872	100	100	100
1915	100	97	98
1920	100	76	80
1921	100	79	66
1922	100	80	67
1923	100	69	63
1924	100	63	53

Abb. 165: Wechselkurse (Quelle: Theresia Theurl in: Die Bank, 2/1996; S. 93)

Dänische und norwegische Banknoten flossen daher nach Schweden, um dort gewinnbringender in Gold getauscht zu werden. Dieses Ungleichgewicht des Geldflusses konnte auf lange Sicht nicht gut gehen und so wurden 1924 ausländische Scheidemünzen als gesetzliches Zahlungsmittel innerhalb eines Landes der SMU aufgehoben.

Dies bedeutete das faktische Ende der Skandinavischen Münzunion. Trotzdem existierte weiterhin der Goldstandard, der erst 1931 zugunsten der Einführung einer Papierwährung aufgehoben wurde.

Theresia Theurl fasst die Geschichte der SMU folgendermaßen zusammen: „Insgesamt zeichnete sich die Münzunion über einen langen Zeitraum durch eine hohe Funktions- und Anpassungsfähigkeit auS. Erst eine zunehmende Ausrichtung der Geldversorgung an der eigenen

---

[30] Schlumberger, Hans: Goldmünzen Europas, 1988, S.42
[31] Holter: A historical perspective on monetary statistics in Norway, S.43

Volkswirtschaft, die sich während des 1. Weltkrieges zu einer allgemeinen nationalstaatlichen Orientierung ausweitete, bewirkte Kursschwankungen und Abweichungen von der Parität mit entsprechenden Reaktionen der Wirtschaftssubjekte"[32]

Die Skandinavische Münzunion bestand fast 50 Jahre, in denen dreizehn verschiedene Goldmünztypen aller drei Teilnehmerstaaten zur Ausprägung kamen.

Die Auflagen der einzelnen Münzen sind nachfolgender Tabelle zu entnehmen. Bei der Auflage ist die Gesamtauflage aller Jahrgänge der jeweiligen Münze nach „Hans Schlumberger: Goldmünzen Europas, 1997" angegeben.

5.6 Übersichtstabelle aller Prägungen der SMU

Ausgabeland	Nominal	Herrscher/Motiv	Jahrgänge	Auflage
Schweden	5 Kronen	Oskar II. / Zweige	1881~1901	429.301
	5 Kronen	Gustaf V. / Zweige	1920	103.000
	10 Kronen	Oskar II. „O" / Wappen	1873~1876	594.058
	10 Kronen	Oskar II. „OCH" / Wappen, Herz	1876~1895	368.865
	10 Kronen	Oskar II. großer Kopf / Wappen, Herz	1901	213.286
	20 Kronen	Oskar II. „O" / Wappen	1873-1876	739.638
	20 Kronen	Oskar II. „O"/ Wappen, Herz	1876-1877	317.167
	20 Kronen	Oskar II. „OCH"/ Wappen, Herz	1877~1899	2.072.182
	20 Kronen	Oskar II. großer Kopf / Wappen, Herz	1900-1902	444.638
	20 Kronen	Gustaf V. / Wappen und Krone	1925	387.257
Norwegen	10 Kronen	Oskar II. / Wappen (2 ½ Species)	1874	24.000
	10 Kronen	Oskar II. / Wappen	1877, 1902	44.856
	10 Kronen	Haakon VII. / St. Olaf stehend	1910	52.600
	20 Kronen	Oskar II. / Wappen (5 Species)	1874-1875	302.089
	20 Kronen	Oskar II. / Wappen	1876~1902	518.889
	20 Kronen	Haakon VII. / St. Olaf stehend	1910	250.000
Dänemark	10 Kronen	Christian IX. / Sitzende Dania	1873~1900	921.850
	10 Kronen	Friedrich VIII. / Wappen	1908-1909	461.415
	10 Kronen	Christian X. / Wappen	1913, 1917	444.344
	20 Kronen	Christian IX. / Sitzende Dania	1873~1900	1.706.562
	20 Kronen	Friedrich VIII. / Wappen	1908-1912	1.360.358
	20 Kronen	Christian X. / Wappen	1913~1931	5.124.121

---

[32] Theresia Theurl in „Die Bank" 02/1996; S. 93

KAPITEL 6
Die 100-Lire-Münzen des Vatikans – Goldprägungen sogar während des 2. Weltkrieges

Wenn heutzutage jemand von Vatikan-Münzen spricht, so sind fast immer die beliebten Euromünzen des kleinsten Staates der Welt gemeint. Mit ihrer geringen Auflage im Vergleich zu Münzen anderer europäischer Staaten stellen sie das „i-Tüpfelchen" jeder Eurosammlung dar.

Die Vatikanstadt hat aber noch einige andere interessante und sammelnswerte Münzen aus den letzten über 80 Jahren seit ihrer Gründung im Jahr 1929 zu bieten. Besonders selten sind hierbei die wenigen 100-Lire-Goldmünzen, die zwischen 1929 und 1959 geprägt wurden.

6.1 Kurze Geschichte des Kirchenstaates

Seit der sogenannten „Pippinischen Schenkung" durch den karolingischen König Pippin III. 756 an den Bischof von Rom erstreckte sich der Kirchenstaat als weltlich-politisches Gebiet, mit dem Papst als Oberhaupt, über große Teile des heutigen MittelitalienS. (Abb. 166)

Abb. 166: Gebiet des Kirchenstaates (dunkel) um 1860

Der französische Kaiser Napoléon Bonaparte löste erstmals 1798-1799 und nochmals von 1809 bis 1814 den Kirchenstaat komplett auf. Während der Revolutionen im Europa der Jahre 1848/1849 wurden die Ländereien des Papstes ebenfalls beschlagnahmt und im Kirchenstaat die Republik ausgerufen. Doch Spanien und Frankreich stellten 1849 die Souveränität des Kirchestaates wieder her; Österreich bot sich dem Papst als Schutzmacht an. Diese Schutzmacht ging jedoch durch die Kriegsniederlage Österreichs gegen Frankreich und Sardinien-Piemont 1859 verloren. Da Frankreich seit 1849 lediglich die Region „Latium" um Rom herum militärisch abzusichern bereit war, schloss sich der Rest des bisherigen Kirchenstaates 1860 dem neugegründeten Königreich Italien an.

Frankreich musste schließlich 1870 seine Soldaten aus Rom abziehen, da sie im Krieg gegen Preußen gebraucht wurden. Diesen Umstand nutzte das italienische Militär und marschierte am 20. September 1870 in Rom ein, entmachtete den Papst politisch, und proklamierte 1871 Rom zur Hauptstadt Italiens.

Der amtierende Papst Pius IX. und seine Nachfolger erkannten Rom jedoch nicht als Hauptstadt Italiens an und äußerten weiterhin territoriale und politische Besitzansprüche.

Diese sogenannte „Römische Frage" konnte erst 59 Jahre später mit den Lateranverträgen gelöst werden: Am 11. Februar 1929 unterzeichneten der Vatikan, vertreten durch Kardinalstaatssekretär Pietro Gasparri, und das Königreich Italien, vertreten durch den Ministerpräsidenten Benito Mussolini, im Lateranpalast in Rom einen Vertrag, in dem der Vatikan Rom als Hauptstadt Italiens anerkennt und dafür Italien die politische und territoriale Souveränität des Vatikans garantiert.

Damit wurde das Gebiet des Vatikans zu einem eigenständigen Staat in Europa, genannt „Vatikanstadt" („Città del Vaticano"), dem nun das international verbürgte Recht auf eine eigene Währung und der Prägung eigener Münzen zustand. (Abb. 167)

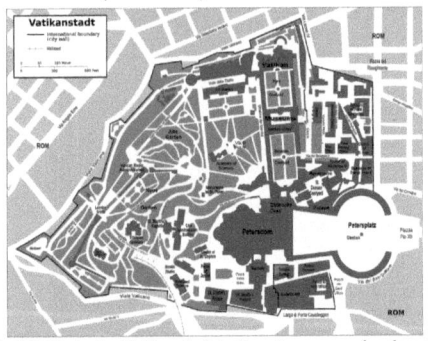

Abb. 167: Karte der Vatikanstadt in Rom (aus: www.foxplorer.de)

6.2 Historischer Überblick über die vatikanische Münzprägung

Die Bildnisse der einzelnen Päpste zieren schon seit weit über tausend Jahren Geldstücke aus verschiedenen Metallen. Ulrich Nersinger schreibt:

> „Die Frage, wann genau die Päpste erstmals Münzen geprägt und in Umlauf gebracht haben, lässt sich nicht ohne weiteres beantworten. Wenn auch Kaiser Justinian (527-565) schon im Jahre 554 den Bischöfen von Rom wichtige und weitreichende Befugnisse – wie die Kontrolle der Maße und Gewichte – überließ, das Recht, selber Geld herauszugeben, schien mit diesen Vollmachten noch nicht verbunden zu sein.
>
> Erste päpstliche Münzen könnten aus den Pontifikaten Gregors III. (731-741) und Zacharias' (741-752) stammen; einige Prägungen aus dieser Zeit halten Experten nicht mehr für reine Medaillen. Die meisten Numismatiker betrachten jedoch die Regierungszeit Papst Hadrians I. (772-795) als den Beginn päpstlicher Münzprägung. Der Papst befahl damals, Denare nach dem fränkischen Fuß zu schlagen."[33]

Seit dieser Zeit emittieren Päpste als weltliche Herrscher regelmäßig Münzen. Nach den Währungen „Denar", „Florin", „Dukat", „Doppia" und „Scudo" wurde schließlich 1866 die „Lira" – in Anlehnung an die italienische Währung – eingeführt und die Münzmaße den Normen der „Lateinischen Münzunion" angepasst. (Vgl. Kapitel 4)

Mit der Auflösung des päpstlichen Herrschaftsgebietes 1870 endete auch die Münzprägung. 2- und 5 Lire-Silbermünzen sowie 20- und 50 Lire-Goldstücke waren 1870 die letzten Münzen des Kirchenstaates.

Erst durch die Klärung der „Römischen Frage" in den Lateranverträgen von 1929 wurde der Weg für neue Münzprägungen frei:

> „Am 2. August 1930 schlossen der Vatikanstaat und Italien eine „Convenzione monetaria" (Münzabkommen). Das Vertragswerk unterzeichneten für das Königreich Italien dessen Finanzminister Mosconi und für den Vatikan der Gouverneur des Vatikanstaates, Marchese Camillo Serafini. In Kraft trat das Abkommen am 26. Mai des folgenden Jahres.
>
> Es war ein Glücksfall, dass der erste Gouverneur der Vatikanstadt, der Marchese Camillo Serafini (1864-1952), eine international anerkannte Koryphäe auf dem Gebiet der Numismatik war. Serafini hatte vor seiner Ernennung zum Gouverneur das Amt eines Konservators des weltberühmten Münzkabinetts der Vatikanischen Bibliothek innegehabt. So lag die Verantwortung um die neuen päpstlichen Münzen von Anfang an in den bestmöglichen Händen."[34]

---

[33] Nersinger, Ulrich: Die Münzen der Päpste, ZENIT, Rom 2007
[34] Nersinger, Ulrich: Die Münzen der Päpste, ZENIT, Rom 2007

Geprägt wurden die neuen päpstlichen Münzen in der „Zecca Reale", der königlichen Münzanstalt Italiens in Rom. Die Nominale der sogenannten „Vatikanischen Lira", unterteilt in 100 Centesimi, entsprachen münztechnisch denen der italienischen Lira und standen zu dieser in Währungsparität 1 : 1.

Nach dem Sturz der italienischen Monarchie im Jahre 1946 übernahm die Münzprägung für die Vatikanstadt die „Staatliche Münze Italiens".

Die ersten vatikanischen Münzen, die in Umlauf gesetzt wurden, verließen 1931 die Zecca Reale. Zwar existieren Münzen mit den Jahreszahlen 1929 und 1930, aber diese wurden ebenfalls 1931 geprägt und auf die genannten Jahre zurückdatiert.[35]

Als erstes erhielten im August 1931 die Kurienkardinäle

> „einen kleinen Beutel mit der ganzen Reihe der neuen Münzen: zwei Silberstücke von zehn und fünf Lire, vier Nickelstücke von zwei Lire, einer Lira, fünfzig und zwanzig Centesimi, zwei Kupferstücke von zehn und fünf Centesimi sowie ein Goldstück von hundert Lire."[36]

Dieses 100-Lire-Goldstück wurde fortan jährlich bis einschließlich 1959 geprägt.

6.3 Goldmünzen unter Papst Pius XI.

Papst Pius XI. (Abb. 168), mit bürgerlichem Namen *Achille Ambrogio Damiano Ratti*, war der erste Regent der neuen Vatikanstadt. Der 1857 geborene Theologe wurde am 6. Februar 1922 zum Papst gewählt und starb am 10. Februar 1939 in Rom. Sein bekanntestes schriftliches Werk ist wohl die 1937 auf deutsch verfasste Enzyklika „Mit brennender Sorge", die die nationalsozialistische Ideologie streng verurteilt.

---

[35] Wikipedia, The Free Encyclopedia: Article "Papal mint", 16 January 2008
[36] Nersinger, Ulrich: Die Münzen der Päpste, ZENIT, Rom 2007

Abb. 168: Papst Pius XI. (Fotografie)

Das Bildnis von Pius XI. ist natürlich auch auf den 100-Lire-Goldmünzen zu finden.

Diese Goldmünzen hatten von 1929 bis 1935 ein Gewicht von 8,799 Gramm bei einem Feingehalt von 900/1000. Damit beträgt der reine Goldgehalt 7,92 Gramm und der Durchmesser der Münze beläuft sich auf 23,5 Millimeter.

Auf der Vorderseite der Münze ist Pius XI. nach rechts gewandt zu sehen mit der Umschrift „PIVS XI PONT MAX ANNO" plus Angabe des Regierungsjahres (Pontifikatsjahr) in römischen Zahlen. Aus dem Lateinischen übersetzt heißt diese Umschrift: „Pius XI., Pontifex Maximus (= „Oberster Brückenbauer/Oberster Priester") im Jahre....".

Die Rückseite ziert eine stehende Christusfigur, dargestellt als „Christus Rex", als „Christkönig", mit Zepter und Reichsapfel. Die Umschrift lautet: STATO DELLA CITTÀ DEL VATICANO („Staat der Vatikanstadt"). Weiterhin zeigt die Rückseite die Wertangabe „100 Lire" und das Jahr der Münzprägung unterhalb der Christusfigur. (Abb. 169)

Die Auflage der einzelnen Münzen zeigt folgende Tabelle:

Jahr	Auflage[37]
1929	10.000
1930	2.621
1931	3.343
1932	5.073
1933/34	23.235
1934	2.533
1935	7.015[38]

---

[37] Alle Angaben zur Auflagenhöhe – wenn nicht anders angegeben – aus: Schlumberger, Hans: Goldmünzen Europas, Battenberg, München 1997

In der Tabelle stechen besonders die hohen Auflagen der Jahre 1929 und 1933 heraus. Wie bereits erwähnt, prägte man den Jahrgang 1929 erst 1931 nach: Genau 10.000 Münzen wurden nicht nur als wichtige Münzen für christliche Kreise zur Erinnerung an die Gründung des Vatikanstaates geprägt, sondern es soll hinter der Anfangsemission auch ein namhafter Großindustrieller gestanden haben.[39]

Im Jahre 1933 rief Papst Pius XI. ein außerordentliches Jubeljahr, ein sogenanntes „Heiliges Jahr" aus, welches normalerweise nur alle 25 Jahre in der katholischen Kirche stattfindet. Dieses zusätzliche Jubeljahr wollte daran erinnern, dass Jesus Christus 33 Jahre alt geworden sein soll.

Zu diesem Jubiläum wurde das Erscheinungsbild der 100-Lire-Münzen leicht verändert: Die Jahreszahlangabe 1933 befindet sich linkerhand der Christusfigur und, da das Jubeljahr von April 1933 bis April 1934 stattfand, steht die Jahreszahl 1934 zusätzlich rechts neben der Figur. Statt der römischen Zahl des Pontifikatsjahres auf der Vorderseite der Münze erscheint hier ein „IVB" für „Jubiläum".

Ansonsten ist diese, in einer Auflage von 23.235 Exemplaren u.a. für Pilger geprägte Münze, identisch mit den Münzen der Jahre 1929-1935. (Abb. 170)

6.4 Das Gold wird teurer

Fast alle europäischen Staaten stellten Ende der 20er- oder Anfang der 30er Jahre des 20. Jahrhunderts die Prägung von Goldmünzen ein, da nach und nach der sogenannte „Goldstandard"[40] aufgehoben wurde, in den USA 1933 der Goldbesitz sogar verboten wurde[41] und sich der Goldpreis zwischen 1930 und 1934 um rund 75% verteuerte[42]. Länder, die auch noch in den 30er Jahren Goldmünzen prägten – wie z.B. Österreich, Albanien und Rumänien – mussten spätestens zu Beginn des 2. Weltkrieges 1939/1940 ihre Goldmünzproduktion aufgrund der Rohstoffknappheit und des Preises beenden. Lediglich die Vatikanstadt bildet hier eine Ausnahme: Durchgehend von 1929 bis 1959 prägte sie Münzen aus dem

---

38 Unterschiedliche Angaben zur Auflagenhöhe bekannt. Der Krause/Mishler, Standard Catalog of World Coins nennt hier lediglich 2.015 Exemplare.
39 Rassegna di Numismatica Nr. 29, 1932, S. 134
40 Die Deckung einer Währung durch Gold: Jedermann ist berechtigt, sein Geld in Gold umtauschen zu lassen; vgl. Kapitel 5
41 Von 1933 bis 1971 war der private Besitz von Gold nur in Form von Schmuck oder Sammlermünzen erlaubt
42 http://www.kitco.com/scripts/hist_charts/yearly_graphs.plx

gesuchten Edelmetall, wenngleich die Jahrgänge 1943 und 1944 erst 1945 nachgeprägt wurden. (Vgl. Kapitel 6.5)

Allerdings ging auch der Anstieg des Goldpreises nicht folgenlos an den 100-Lire-Münzen vorbei: 1936 wurden die Größe und das Gewicht der Goldmünzen verringert.

Die vatikanischen Goldmünzen wogen nun nur noch 5,19 Gramm bei einem Durchmesser von 20,5 Millimeter. Der Feingehalt von 900/1000 blieb bestehen, so dass der reine Goldgehalt (Feingewicht) nun 4,68 Gramm betrug.

Das Erscheinungsbild der Münzen blieb unverändert. (Abb. 171)

1936 wurden 8.239 Exemplare dieser verkleinerten Goldmünze geprägt, 1937 immerhin noch 2.000 Exemplare und 1938 gab es laut Aussage des Ufficio Filatelico e Numismatico überhaupt keine Goldmünzen[43]. Schlumberger nennt zu dem Jahr 1938 jedoch eine Prägemenge von „5-6 Münzen"[44], von denen aber keine bisher in Auktionen auftauchte.

Jahr	Auflage
1936	8.239
1937	2.000
1938	max. 6

6.5 Frühe Goldmünzen unter Papst Pius XII.
(Erster & zweiter Münztyp)

Der 1876 geborene *Eugenio Maria Giuseppe Giovanni Pacelli* (Abb. 172) wurde am 2. März 1939 zum Papst Pius XII. gewählt. Sein 19-jähriges Pontifikat war geprägt von den Unruhen und Handlungen des Zweiten WeltkriegeS. Seine Haltung zum Nationalsozialismus wird auch heute noch überaus kontrovers diskutiert. Er starb am 9. Oktober 1958 in Castel Gandolfo.

---

[43]   Nach Auskunft des Ufficio Filatelico e Numismatico (Vatikanstadt) im März 2008
[44]   Schlumberger, Hans: Goldmünzen Europas, Battenberg, München 1997

Abb. 172: Papst Pius XII. (Fotografie)

Auf den 100-Lire-Goldmünzen erscheint sein nach rechts gewandtes Abbild ab 1939. Die Umschrift um diese Münzen lautet: PIVS XII PONTIFEX MAXIMUS AN plus die Jahreszahl seines PontifikateS. Hierbei steht „AN" für Anno = „Jahr".
Die Rückseite ist identisch der Goldmünzen unter Pius XI. (Abb. 173)
1939 wurden 2.270 Exemplare[45] geprägt, 1940 und 1941 jeweils 2.000 Exemplare.
Um etwas mehr Platz für die römische Zahl III (3) bei der Angabe des Pontifikatsjahres auf den Münzen zu schaffen, wurde 1941 die Abkürzung „AN" auf „A" (= Anno) reduziert. (Abb. 174)

Jahr	Auflage
1939	2.270
1940	2.000
1941	2.000

1942 änderte sich die Abbildung auf der Wertseite der Goldmünze. Anstelle der Christusfigur zeigt diese nun eine personifizierte „Caritas". (Caritas = „Hochachtung/Nächstenliebe").
Diese sitzende Caritas hält einen Säugling im Arm während zwei andere Kinder links und rechts um ihre Beine spielen. Die Umschrift lautet STATO DELLA CITTÀ DEL VATICANO. Unterhalb der Figur ist die verkürzte Wertangabe L. 100 zu finden und darunter die jeweilige Jahreszahl der Prägung. Links neben der sitzenden Caritas stehen die Buchstaben CAR und rechts die Ergänzung ITAS. Die Rückseite der Münze zeigt Papst Pius XII. mit der erweiterten Umschrift PIVS XII

---

[45] Nach Auskunft des Ufficio Filatelico e Numismatico (Vatikanstadt) im März 2008

PONTIFEX MAXIMUS ANNO und der Jahreszahl seines PontifikateS. (Abb. 175)

Im Jahre 1943 kam die Prägeaktivität der römischen „Zecca Reale" kriegsbedingt zum Stillstand. Nach dem Sturz des italienischen Diktators Benito Mussolinis am 24. Juli 1943 flohen schließlich König Viktor Emanuel III. und seine Regierung am 9. September aus Rom, das vom 10. September 1943 bis zum 04. Juni 1944 eine deutsche Besatzungsmacht erhielt.[46]

Die Jahrgänge 1943 und 1944 sind nach Angabe der Staatlichen Münze Italiens erst im Jahre 1945 nachgeprägt worden.[47]

„Der Jahrgang 1946 folgte zeitgerecht, die Jahrgänge 1947-1948 aber erst im Jahre 1948, weil das Münzamt im Jahre 1947 durch die Massenproduktion von neuen italienischen Münzen ausgelastet war."[48]

Jahr	Auflage
1942	2.000
1943	1.000
1944	1.000
1945	1.000
1946	1.000
1947	1.000
1948	5.000
1949	1.000

6.6 Die Jubiläumsmünze von 1950

Turnusgemäß fand im Jahre 1950 das nächste „Heilige Jahr" statt. Zu diesem Jubiläum prägte der Vatikan eine 100-Lire-Goldmünze mit komplett neuem Erscheinungsbild.

Die Vorderseite zeigt Papst Pius XII. nach links gewandt mit der „Tiara", der zu feierlichen Anlässen getragenen Krone des Papstes, auf dessen Haupt. Auch trägt der Papst auf dieser Abbildung erstmals eine Brille – eine Seltenheit auf Münzporträts.

Die Umschrift lautet PIVS XII P MAX A IVB MCML (Pius XII, Pontifex Maximus im Jubiläumsjahr 1950).

---

[46] Wolfgang Hahn in: Zeitschrift moneytrend 10/2008, Seite 161
[47] Rivista Italiana di Numismatica 1952 Nr.3, Seite 87
[48] Wolfgang Hahn in: Zeitschrift moneytrend 10/2008, Seite 162

Auf der Rückseite ist die Schlüsselszene eines jeden „Heiligen Jahres" zu sehen: Papst Pius XII. und sein Gefolge stehen vor der „Heiligen Pforte", während mehrere Gläubige kniend am Rand des Geschehens beten.

Der Papst hält einen Hammer in der Hand, mit dem er traditionell am 25. Dezember des Vorjahres zum „Heiligen Jahr", dreimal gegen die vermauerte „Heilige Pforte" am Eingang des Petersdoms im Vatikan schlägt.

Nachdem die Jubelpforte hiernach geöffnet wurde, ziehen Papst und Klerus feierlich durch diese Tür in den Petersdom ein. Am Ende eines „Heiligen Jahres" wird an Weihnachten die Pforte bis zum nächsten Jubeljahr der Katholischen Kirche wieder zugemauert.[49]

Die Umschrift lautet, wie auf allen bisherigen Goldmünzen STATO DELLA CITTÀ DEL VATICANO. Unterhalb der Szene ist die Wertangabe L. 100 aufgeprägt. (Abb. 176)

Diese besondere Goldmünze erschien in einer Auflage von 14.000 Exemplaren.[50]

6.7 Vierter und fünfter Goldmünztyp unter Papst Pius XII.

Von 1951 bis 1956 zeigen die vatikanischen Goldmünzen auf der Vorderseite Pius XII. nach rechts gewandt und eine Brille tragend, mit der Umschrift PIVS XII P M AN und der Jahreszahl seines Pontifikates (XIII – XVIII). Die Rückseite trägt die nun verkürzte Umschrift CITTÀ DEL VATICANO um eine stehende Abbildung der personifizierten CaritaS. Diese hält ein Kind auf dem Arm, während ein zweites Kind sie umarmt. Linkerhand der Caritas ist die Jahreszahl der Prägung zu sehen und rechts davon die Wertangabe „L. 100". Unterschrieben ist die Figur mit dem Wort „Caritas". Diese, ebenfalls mit einem Gewicht von 5,19 Gramm geprägten Münzen, wurden jährlich in einer Auflage von 1.000 Exemplaren emittiert. (Abb. 177)

---

[49] In den beiden außerordentlichen Jubeljahren 1933/34 und 1983/84 wurde die Pforte von vor Ostern bis Ostersonntag des darauffolgenden Jahres geöffnet.

[50] Zur Auflagenhöhe dieser Münze gibt es unterschiedliche Angaben. Der Krause/Mishler Standart Catalog of World Coins nennt in all seinen Ausgaben 20.000 Exemplare für diese Münze. Hans Schlumberger nennt hingegen nur 4.000 geprägte Exemplare. In weiteren Quellen findet sich auch die Angabe 10.000 Exemplare. Auf Anfrage im Vatikan wurde mir von dem UFN (Ufficio Filatelico e Numismatico) eine Auflagenhöhe von 14.000 Exemplaren genannt.

In den letzten beiden Jahren des Pontifikates von Pius XII. änderte sich nochmals das Erscheinungsbild der Goldmünzen. Während die Porträtseite unverändert blieb, ziert die Wertseite nun das päpstliche Wappen von Pius XII. (Abb. 178).

Jeder Papst bestimmt nach seiner Wahl zum neuen Oberhaupt der Katholischen Kirche das Aussehen seines Wappens selbst. Bei Pius XII. dominiert eine Taube mit einem Olivenzweig im Schnabel das Wappen. Die Taube gilt als „Frohe Botschafterin", da sie in der biblischen Erzählung von Noah und der Arche als erste das Ende der Flut verkündete, indem sie mit einem frischen Olivenzweig zurück zur Arche kehrte: Die Flut ist vorüber, es gibt wieder trockenes Land mit Pflanzen und Nahrung! (Abb. 179).

Abb. 179: Wappen von Papst Pius XII.

Linkerhand des Wappens steht die Währungsangabe „Lire", rechterhand der Nennwert „100". Unter dem Wappen befindet sich die Jahreszahl der Prägung.

Im Jahre 1957 wurden 2.000 Exemplare und im Jahre 1958 3.000 Exemplare dieser Münze geprägt.

Während der fast 20-jährigen Amtszeit von Papst Pius XII. gab es somit fünf verschiedene Münztypen der 100-Lire-Goldmünze.

Jahr	Auflage
1950	14.000
1951	1.000
1952	1.000
1953	1.000
1954	1.000
1955	1.000
1956	1.000
1957	2.000
1958	3.000
1959	3.000

6.8 Goldmünzen unter Papst Johannes XXIII.

Papst Johannes XXIII. wurde 1881 in Sotto il Monte (Italien) als *Angelo Giuseppe Roncalli* geboren. Nach verschiedenen Aufgaben in Bulgarien, der Türkei, in Griechenland und Frankreich wurde er 1953 zum Kardinal und Patriarchen von Venedig ernannt. Im hohen Alter von fast 77 Jahren wählte ihn das Konklave (= Wahlberechtigte Kardinäle) am 28. Oktober 1958 zum neuen Papst. (Abb. 180) Wurde er in den Medien anfänglich als „Übergangspapst" bezeichnet, so überraschte er 1962 mit der Einberufung des 2. Vatikanischen Konzils, welches die Strukturen der Katholischen Kirche nachhaltig verändern sollte.

Abb. 180: Papst Johannes XXIII. (Fotografie)

Mit reichlich Mut zu historischen Veränderungen schaffte er unter anderem auch den Fußkuss bei Privataudienzen ab, erhöhte die Gehälter seiner Angestellten und ließ die Prägung von Goldmünzen einstellen, da inflationsbedingt die Lira stark an Wert verloren hatte und schon seit 1955 100 Lire-Münzen parallel zu den Goldstücken aus Stahl für den Zahlungsverkehr ausgegebenen wurden.

Somit gab es während der Amtszeit von Johannes XXIII. nur noch eine 100-Lire-Goldmünze aus dem Jahr 1959.

Diese zeigt auf der Vorderseite das nach rechts gewandte Bildnis des Papstes mit der Umschrift IOHANNES XXIII P M A I (Johannes XXIII., Pontifex Maximus im Jahre 1).

Die Rückseite ziert das Wappen des Papstes, umgeben von der Umschrift CITTÀ DEL VATICANO und der Wertangabe LIRE 100. Unter dem Wappen befindet sich die Jahreszahl der Prägung „1959". (Abb. 181)

Das Wappen zeigt den geflügelten Markuslöwen, das Wappentier Venedigs, über dem Wappen der Heimatstadt des Papstes: Sotto il Monte (Turm). Dahinter sind die gekreuzten Schlüssel Petri zu sehen, wobei der goldene als Schlüssel zum Himmelreich und der silberne als Schlüssel zum Erdenreich gilt. Gekrönt ist das Wappen mit der päpstlichen „Tiara". (Abb. 182)

Diese letzte 100-Lire-Goldmünze wurde 3.000 Mal geprägt und zählt heute zu den seltensten und teuersten Goldmünzen dieser Serie.

Abb. 182: Wappen von Papst Johannes XXIII.

Da der Vatikan bis 1997 keine weiteren Goldmünzen emittierte, ist das Sammelgebiet „100-Lire-Goldmünzen des Vatikans" ein überschaubares und abgeschlossenes Sammelgebiet, das jedoch historisch äußerst interessant ist und Münzen von großer Seltenheit enthält.

Die Euromünzen des Vatikans sind zweifellos sehr schön – aber der Vatikan hat numismatisch noch einiges mehr zu bieten...

7 BILDANHANG

Abbildungen aller im Text erwähnten und nummerierten Münzen

Abb. 1: Karolingisches Reich, Denar, Ludwig der Fromme, 814-840

Abb. 2: Byzanz, Solidus, Constantinus VII. mit Romanus II., 945-959

Abb. 3: Abbasidisches Reich, Dinar, Al-Mutadid, 892-902

Abb. 4: Königreich Sizilien, Tari, Roger II., 1130-1154

Abb. 5: Königreich Kastilien, Alfonsino, Alfons VIII., 1158-1214

Abb. 6: Königreich Portugal, Morabitino, Sancho I., 1185-1211

Abb. 7: Königreich Sizilien, Augustalis, Friedrich II., 1197-1250

Abb. 8: Republik Florenz, Fiorino d'oro, 1252-1303

Abb. 9: Republik Genua, Genovino d'oro, 1252-1339

Abb.10: Genua, Genovino d'oro, Simone Boccanegra, 1339-1344

Abb.11: Republik Venedig, Ducato d'oro, Giovanni Dandolo, 1284-1289

Abb.12: Königreich Sizilien, Saluto d´oro, Karl I., 1278-1285

Abb. 15: Königreich Sizilien, Reale d´oro, Karl I., 1266-1278

Abb. 16a: Königreich Sizilien, Saluto d´argento, Karl I., 1278-1285

Abb. 16b: Frankreich, Gros Tournoise, Ludwig IX., 1266-1270

Abb. 18: Königreich Sizilien, Saluto d´oro, Karl I., 1278-1285, Variante:
Die beiden äußeren Lilienblüten hängen auf gleicher Höhe.
Bei den meisten Stempeln ist es üblich, dass die linke Blüte tiefer hängt
als die rechte.

Abb. 19: Königreich Sizilien, Halber Saluto d´oro, Karl I., 1278-1285

Abb. 21: Sizilien, Pierreale d´oro, Peter I. & Constanze 1282-1285

Abb. 22: Königreich Neapel, Saluto d´oro, Karl II. 1285-1309

Abb. 23: Frankreich, Petit Royal d'or (1290-96), Philipp IV. 1285-1314

Abb. 24: Frankreich, Masse d'or (ab 1296), Philipp IV. 1285-1314

Abb. 25: Königreich Kastilien, Dobla, Alfons X. 1252-1284

Abb. 29a: England, 1 Guinea, Charles II., (Variante 1 mit Elefant), 1663

Abb. 29b: England, 1 Guinea, Charles II., (Variante 2 mit Elefant), 1664

Abb. 29c: England, 1 Guinea, Charles II., (Variante 3), 1667

Abb. 29d: England, 1 Guinea, Charles II., (Variante 4), 1679

Abb. 32a: England, 1 Guinea, James II., (Variante 1), 1685

Abb. 32b: England, 1 Guinea, James II., (Variante 2), 1688

Abb. 35: England, 1 Guinea, William III. & Mary II., (Variante 1), 1689

Abb. 36a: England, 1 Guinea, William III., (Variante 1), 1695

Abb. 36b: England, 1 Guinea, William III., (Variante 2/3), 1701

Abb. 39a: England, 1 Guinea, Anne, (Variante 1), 1702

Abb. 39b: Großbritannien, 1 Guinea, Anne, (Variante 2), 1707

Abb. 39c: GB, 1 Guinea, Anne, (Variante 3 mit Elefant), 1709

Abb. 39d: Großbritannien, 1 Guinea, Anne, (Variante 4), 1714

Abb. 41a: Großbritannien, 1 Guinea, George I., (Variante 1), 1714

Abb. 41b: Großbritannien, 1 Guinea, George I., (Variante 2), 1715

Abb. 41c: Großbritannien, 1 Guinea, George I., (Variante 3), 1715

Abb. 41d: Großbritannien, 1 Guinea, George I., (Variante 4), 1719

Abb. 41e: Großbritannien, 1 Guinea, George I., (Variante 5), 1724

Abb. 43a: Großbritannien, 1 Guinea, George II., (Variante 1), 1727

Abb. 43b: Großbritannien, 1 Guinea, George II., (Variante 2), 1728

Abb. 43c: Großbritannien, Guinea, George II., (Variante 3 mit EIC), 1729

Abb. 43d: Großbritannien, 1 Guinea, George II., (Variante 4), 1733

Abb. 43e: Großbritannien, 1 Guinea, George II., (Variante 5), 1740

Abb. 43f: GB, 1 Guinea, George II., (Variante 6 mit LIMA), 1745

Abb. 43g: Großbritannien, 1 Guinea, George II., (Variante 7), 1759

Abb. 46a: Großbritannien, 1 Guinea, George III., (Variante 1), 1761

Abb. 46b: Großbritannien, 1 Guinea, George III., (Variante 2), 1764

Abb. 46c: Großbritannien, 1 Guinea, George III., (Variante 3), 1771

Abb. 46d: Großbritannien, 1 Guinea, George III., (Variante 4), 1775

Abb. 47: Großbritannien, 1 Guinea, George III., (Variante 5; „Spade-Guinea"), 1788

Abb. 48: GB, Guinea, George III., (Variante 6; „Military-Guinea"), 1813

Abb. 49: England, 1 Sovereign, Heinrich (Henry) VII., 1489

Abb. 51: Großbritannien, 1 Sovereign, George III., 1817

Abb. 52: Großbritannien, ½ Sovereign, George III., 1817

Abb. 54: Großbritannien, 1 Sovereign, George IV., 1822

Abb. 55: Großbritannien, 1 Sovereign, George IV., 1826

Abb. 56: Großbritannien, ½ Sovereign, George IV., 1821

Abb. 57: Großbritannien, ½ Sovereign, George IV., 1823

Abb. 58: Großbritannien, ½ Sovereign, George IV., 1826

Abb. 60: Großbritannien, 1 Sovereign, William IV., 1832

Abb. 62: Großbritannien, 1 Sovereign, Victoria, 1839

Abb. 63: Großbritannien, ½ Sovereign, Victoria, 1856

Abb. 64a: Australien, 1 Sovereign, Victoria, 1855

Abb. 64b: Australien, 1 Sovereign, Victoria, 1867

Abb. 65: Großbritannien, 1 Sovereign, Victoria, 1871

Abb. 66: Großbritannien, 1 Sovereign, Victoria, 1890

Abb. 67: Großbritannien, ½ Sovereign, Victoria, 1887

Abb. 68: Großbritannien, 1 Sovereign, Victoria, 1893

Abb. 73: Großbritannien, 1 Sovereign, Edward VII., 1903

Abb. 75: Großbritannien, 1 Sovereign, George V., 1911

Abb. 76: Indien, 15 Rupien, George V., 1918

Abb. 77: Südafrika (SA), 1 Sovereign, George V., 1931

Abb. 81: Großbritannien, 1 Sovereign, George VI., 1937

Abb. 82: Saudi-Arabien, 1 Sovereign/Pound, 1950

Abb. 83: Südafrika, 1 Sovereign/Pound, George VI., 1952

Abb. 84: Südafrika, 1 Sovereign/Pound, Elisabeth II., 1953

Abb. 86a: Großbritannien, 1 Sovereign, Elisabeth II. (1. Bild), 1953

Abb. 86b: Großbritannien, 1 Sovereign, Elisabeth II. (1. Bild), 1957

Abb. 87: Großbritannien, 1 Sovereign, Elisabeth II. (2. Bild), 1979

Abb. 88: Großbritannien, 1 Sovereign, Elisabeth II. (3. Bild), 1988

Abb. 89: Großbritannien, 1 Sovereign, Elisabeth II., 1989

Abb. 90: Großbritannien, 1 Sovereign, Elisabeth II. (4. Bild), 1999

Abb. 91: Großbritannien, 1 Sovereign, Elisabeth II. (Jubiläum), 2002

Abb. 92: Großbritannien, 1 Sovereign, Elisabeth II., 2005

Abb. 93: Großbritannien, 1 Sovereign, Elisabeth II. (Variante), 2009

Abb. 94: Australien, 1 Sovereign / 25 Dollars, Elisabeth II., 2005

Abb. 95: Großbritannien, 1 Sovereign, Elisabeth II. (Jubiläum), 2012

Abb. 96: Italien: Cisalpine Republik, 20 Francs, Anno 10 (1801/02)

Abb. 97: Königreich Italien, 40 Lire, Napoleon, 1807 M(ilano)

Abb. 98: Königreich Westphalen, 20 Franken, Hieronymus Napoleon, 1808 C (Kassel)

Abb. 99: Königreich Neapel, 40 Lire, Joachim Napoleon Murat, 1813

Abb. 100: Parma, 40 Lire, Maria Luigia, 1815

Abb. 101: Königreich Sardinien, 20 Lire, Viktor Emanuel I., 1816

Abb. 102: Königreich Belgien, 20 Francs, Leopold I., 1865

Abb. 103: Kaiserreich Frankreich, 20 Francs, Napoleon III., 1865 A

Abb. 104: Königreich Italien, 20 Lire, Viktor Emanuel II., 1865

Abb. 105: Königreich Griechenland, 20 Drachmen, Georg I., 1876 A

Abb. 107: Kirchenstaat, 20 Lire, Papst Pius IX., 1868 R(om)

Abb. 108: Fürstentum Rumänien, 20 Lei, Karl I., 1870 C (Bukarest)

Abb. 109: Königreich Schweden, 10 Francs/1 Carolin, Karl XV., 1868

Abb. 110a: Kaiserreich Österreich, 20 Franken, Franz Josef I., 1870

Abb. 110b: Kaiserreich Österreich-Ungarn, 20 Franken/8 Forint, Franz Josef I., 1873

Abb. 111: Königreich Spanien, 20 Peseten, Alfons XIII., 1890

Abb. 112: Finnland, 20 Markkaa, Zar Alexander II., 1879

Abb. 113: Fürstentum Monaco, 20 Francs, Karl III., 1879 A (Paris)

Abb. 114: Königreich Serbien, 20 Dinara, Milan I., 1882 V (Wien)

Abb. 115: Fürstentum Bulgarien, 20 Lewa, Ferdinand I., 1894

Abb. 116: Schweiz, 20 Franken, Konföderation 1888

Abb. 117: Zarenreich Russland, 5 Rubel, Alexander III., 1886

Abb. 118: Französisches Protektorat Tunesien, 20 Francs, 1904 A

Abb. 119: Dänisch-Westindien, 20 Francs/4 Daler, Christian IX., 1904

Abb. 120: Venezuela, 20 Bolivares, 1905

Abb. 121: Argentinien, 1 Argentino/5 Pesos, 1887

Abb. 122: Kolumbien, 2 Pesos, 1871

Abb. 123: Königreich Rumänien, Michael I., (20 Lei), 1944

Abb. 124: Großherzogtum Luxemburg, (20 Francs), 1953

Abb. 125: Großherzogtum Luxemburg, (20 Francs), 1963

Abb. 126: Großherzogtum Luxemburg, (20 Francs), 1964

Abb. 127: Republik San Marino, 20 Lire, 1925

Abb. 128: Republik Polen, 20 Zlotych, 1925

Abb. 129: Königreich Jugoslawien, 20 Dinara, Alexander I.,1925

Abb. 130: Albanien, 20 Franken, (Fürst Skanderbeg), 1926 R(om)

Abb. 131: Albanien, 20 Franken, Amet Zogu, 1927 R(om)

Abb. 132: Königreich Albanien, 20 Franken, Zogu I., 1937

Abb. 133: Fürstentum Liechtenstein, 20 Franken, Franz I., 1930

Abb. 134: Fürstentum Liechtenstein, 20 Franken, Franz Josef II., 1946

Abb. 135: Königreich Albanien, 20 Franken, Zogu I., 1938

Abb. 136: Schweiz, 20 Franken, „Vreneli" 1947

Abb. 137: Fürstentum Liechtenstein, 100 Franken, Franz Josef II., 1952

Abb. 138: Königreich Griechenland, 20 Drachmen, Revolution, 1967

Abb. 139: Königreich Belgien, 20 Francs, Leopold II., 1869

Abb. 140: Republik Frankreich, 20 Francs, Geflügelter Genius, 1871

Abb. 141: Republik Frankreich, 20 Francs, Hahn/Marianne, 1899

Abb. 142: Königreich Italien, 20 Lire, Umberto I., 1882

Abb. 143: Königreich Italien, 20 Lire, Viktor Emanuel III., 1923

Abb. 144: Königreich Rumänien, 20 Lei, Karl I., 1883

Abb. 145: Königreich Rumänien, 20 Lei, Karl I., 1906

Abb. 149: Schweden, 5 Kronen, Oscar II., 1901

Abb. 150: Schweden, 5 Kronen, Gustav V., 1920

Abb. 151: Schweden, 10 Kronen, Oscar II., 1874 (V1)

Abb. 152: Schweden, 10 Kronen, Oscar II., 1883 (V2)

Abb. 153: Schweden, 20 Kronen, Oscar II., 1873 (V1)

Abb. 154: Schweden, 20 Kronen, Oscar II., 1877 (V2)

Abb. 155: Schweden, 20 Kronen, Oscar II., 1879 (V3)

Abb. 156: Schweden, 20 Kronen, Gustav V., 1925

Abb. 157: Norwegen, 10 Kronen, Oskar II., 1874

Abb. 158: Norwegen, 10 Kronen, Oskar II., 1902

Abb. 159: Norwegen, 10 Kronen, Haakon VII., 1910

Abb. 162: Dänemark, 20 Kronen, Christian IX., 1873

Abb. 163: Dänemark, 20 Kronen, Frederik VIII., 1908

Abb. 164: Dänemark, 20 Kronen, Christian X., 1913

Abb. 169: Vatikan, 100 Lire, Papst Pius XI., 1929

Abb. 170: Vatikan, 100 Lire, Papst Pius XI., 1933-34 (Heiliges Jahr)

Abb. 171: Vatikan, 100 Lire, Papst Pius XI., 1936 (Kleiner Typ)

Abb. 173: Vatikan, 100 Lire, Papst Pius XII., 1940

Abb. 174: Vatikan, 100 Lire, Papst Pius XII., 1941 (verk. Inschrift)

Abb. 175: Vatikan, 100 Lire, Papst Pius XII., 1947 (Caritas)

Abb. 176: Vatikan, 100 Lire, Papst Pius XII., 1950 (Heiliges Jahr)

Abb. 177: Vatikan, 100 Lire, Papst Pius XII., 1951 (Caritas)

Abb. 178: Vatikan, 100 Lire, Papst Pius XII., 1957 (Wappen)

Abb. 181: Vatikan, 100 Lire, Papst Johannes XIII., 1959

8 LITERATURANGABEN

Kapitel 1:
Bailly, Alain: La Cote des monnaies francaises en or, La Rochelle 2006
Deutsche Bundesbank: Mittelalterliche Goldmünzen, Frankfurt 1982
Diogenes: Novum Testamentum, Zürich 1981
Friedberg, Arthur und Ira: Gold Coins of the World, Clifton 2008
Kluge, Bernd: Numismatik des Mittelalters, Berlin und Wien 2007
Künker Auktionskatalog Nr. 197, September 2011
Schlumberger, Hans: Goldmünzen Europas, München 1997
Spink, Coins of England, London 2007
http://www.moneymuseum.com
http://it.wikipedia.org/wiki/Saluto_(moneta)
http://de.wikipedia.org/wiki/Florin_(Goldmünze)
http://en.wikipedia.org/wiki/Coinage_of_Philip_IV_of_France

Kapitel 2:
Krause, Chester L. / Mishler, Clifford: Standard Catalog of World Coins, 17th Century Edition, Iola, 1996
Krause, Chester L. / Mishler, Clifford: Standard Catalog of World Coins, 18th Century Edition, Iola, 1997
Morgan, Kenneth O.: The Oxford History of Britain, Oxford 2001
Spink: Coins of England and the United Kingdom: Standard Catalogue of British Coins 2007
Seaby, H.A.: Standard Catalogue of British Coins, London 1989
Wende, Peter (Hrsg.): Englische Könige und Königinnen, München 1998
Chard: A brief history of the guinea.
(http://www.24carat.co.uk/guineastoryframe.html)

Ross, Kelly: British Coins before the Florin.
(http://www.friesian.com/coins.htm)
Wikipedia: Guinea (British Coin)
(http://en.wikipedia.org/wiki/Guinea_British coin)
Bilder der Könige und Königinnen aus: http://de.wikipedia.org (unter den jeweiligen Biographien)

Kapitel 3:
Duveen, Sir G.: History of Gold Sovereign, Oxford 1962
Fearon, Daniel und McKay, James: The Sovereign - the World's Most Famous Coin, Token Publishing, 1998
Schlumberger, Hans: Goldmünzen Europas, München 1997
Schön, Günter und Schön, Gerhard: Weltmünzkatalog, 20. Jahrhundert, 33. Auflage, München 2005
Wende, Peter: Englische Könige und Königinnen. Von Heinrich VII. bis Elisabeth II., Beck-Verlag 1998
http://www.royalmint.com/
http://www.goldsovereign.co.uk/
http://www.cruzis-coins.com/
Abbildungen der Könige und Königinnen aus:
http://www.de.wikipedia.org

Kapitel 4:
Friedberg, Arthur & Ira: Gold Coins of the World, 8th Edition, Clifton 2008
Kunzmann, Ruedi: Die Lateinische Münzunion, Vorgänger des Euro, HMZ 10/1999
Koch-Mehrin, Silvana: in „Die Zeit" 13/2003
Niederer, Albert: Katalog LMU, Hilterfingen, 1976
Schlumberger, Hans: Goldmünzen Europas, München 1997
Schön/Cartier, Weltmünzenkatalog 19. Jahrhundert, Augsburg 1990, S. 706
http://www.anumis.de

Kapitel 5:
Nielsen, Axel: Weltwirtschaftliches Archiv, Band 26, Jena 1927
Schlumberger, Hans: Goldmünzen Europas, München 1988
Schlumberger, Hans: Goldmünzen Europas, München 1997
Holter, Jon P.: A historical perspective on monetary statistics in Norway, Oslo 2003

Theurl, Theresia: in Fachzeitschrift „Die Bank" 02/1996

Kapitel 6:
Krause/Mishler, Standard Catalog of World Coins, 31st Edition, Iola (USA), 2004
Nersinger, Ulrich: Die Münzen der Päpste, ZENIT, Rom 2007
Schlumberger, Hans: Goldmünzen Europas, Battenberg, München 1997
Wikipedia, Article "Papal mint", 23 February 2011
(http://en.wikipedia.org/wiki/Papal_mint)
http://www.kitco.com/scripts/hist_charts/yearly_graphs.plx
UFN (Ufficio Filatelico e Numismatico), Vatikanstadt

Abbildungsnachweise
bpk Bildagentur für Kunst, Kultur und Geschichte, Berlin / Münzkabinett der Staatlichen Museen zu Berlin
Royal Mint Museum, London
Fundación Lázaro Galdiano, Madrid
Fritz Rudolf Künker GmbH & Co. KG, Osnabrück / Lübke & Wiedemann, Stuttgart
Nova Marketing SA, Chiasso
Numismatica Ars Classica, Mailand
Sammlung der Deutschen Bundesbank, Frankfurt a.M.
Porträts der Regenten aus: http://de.wikipedia.org (Artikel der jeweiligen Herrscher)